A ilusão do remanso

A ilusão do remanso

Roberto de Carvalho

pelo Espírito Basílio

Aliança

1ª edição, Dezembro / 2022 do 1.000 a 2.000 milheiro.

TÍTULO
A Ilusão do Remanso

AUTOR
Roberto de Carvalho / Basílio

DIAGRAMAÇÃO
Equipe Editorial

CAPA
Equipe Editorial

IMPRESSÃO
Graphium Gráfica e Editora

FICHA CATALOGRÁFICA

Dados Internacionais de Catalogação na Publicação (CIP)
— Câmara Brasileira do Livro | SP | Brasil —

Basílio (Espírito)
A Ilusão do Remanso / (Espírito) Basílio
São Paulo: Editora Aliança – 2022

ISBN: 978-85-8364-084-4 – 224 páginas.
1. Espiritismo 2. Psicografia 2. Romance Espírita

CDD-133.9

ÍNDICE PARA CATÁLOGO SISTEMÁTICO:

1. Romance espírita: Psicografado 133.9

EDITORA ALIANÇA
Rua Major Diogo, 511 – Bela Vista – São Paulo – SP
CEP 01324-001 | Tel.:(11) 2105 2600
www.editoraalianca.com.br

Este romance foi escrito sob inspiração mediúnica e tem como finalidade divulgar o espiritismo por meio dos ensinamentos básicos de sua Doutrina.

Os personagens que compõem a narrativa são fictícios. Portanto, qualquer semelhança com nomes ou descrição de pessoas e lugares terá sido mera coincidência.

“Muitas vezes, os que partem estão bem mais próximos de nós do que os que ficam.”

(Basílio)

Sumário

Introdução

À semelhança dos rios, a vida humana enfrenta variados desafios e passa por fases que vão desde quedas em profundos abismos, formando as cachoeiras, passando pelos choques violentos contra os rochedos e pelo afunilamento dos cânions, até se espraiar placidamente em confortáveis remansos.

Um rio não passará de um pequenino lago se permanecer em seu nascedouro, porém isso não é uma opção para os rios. Eles têm a foz por destino e, mesmo depois de se mesclarem aos oceanos, por força das leis naturais, voltarão a ser rios e a retomar a tarefa que parecia ter chegado ao fim, mas que permanecia inacabada.

Tudo faz parte dessa incrível jornada chamada vida. Tudo é aprendizagem. As dádivas de Deus estão em todos os lugares, em toda a sua criação e em todos os momentos; desde a largada e no decorrer do percurso, até o ponto de chegada.

Mas, se o ponto de partida é um local bem definido, a chegada é sempre uma incógnita e, muitas vezes, uma ilusória sensação de estabilidade. Ainda assim será também aprendizado, amadurecimento, dividendos...

Que os momentos de tempestade não sejam um desafio invencível, nem sejam os períodos de descanso um convite ao ócio e à irresponsabilidade. Que a tormenta não seja razão de desânimo, nem a bonança estação de permanente folguedo. Porque **a ilusão do remanso** jamais deve deter a marcha inexorável do cauteloso viajor.

Assim seja!

Capítulo 1

Fazenda Velha

"Nada fica perdido no Reino de nosso Pai e os vossos suores e misérias formam o tesouro que vos tornará ricos nas esferas superiores, onde a luz substitui as trevas e onde o mais desnudo dentre todos vós será talvez o mais resplandecente."

O Evangelho segundo o Espiritismo – capítulo 6 – item 6

Na época em que ocorreu o inesquecível episódio, Fernando tinha apenas onze anos e sua irmã, Cibele, estava para completar treze. Eles moravam com os pais na zona rural de uma pequena cidade no interior da Bahia e tinham uma vida relativamente sacrificada.

Aurélio, o pai, trabalhava como zelador de uma antiga fazenda que fora muito produtiva nos tempos áureos da plantação de cacau, mas que acabou se tornando, com o passar dos anos, uma grande extensão de terras desleixadas e improdutivas.

Os herdeiros dessa propriedade viviam na Europa e suas vindas ao Brasil se tornavam cada vez mais escassas, numa demonstração de total desinteresse pela destinação daquelas terras.

Por sua natureza ativa e responsável, Aurélio assumira por conta própria a função de zelador da antiga fazenda, não tendo, portanto, salário fixo e nenhum vínculo empregatício. Assim como os demais moradores do local, vivia do pouco que ainda conseguia arrancar, a duras penas, daquele solo que a cada dia se tornava mais infértil, em pequenas e variadas plantações que mal davam para o sustento de sua família.

À época, ele tinha trinta e cinco anos, era um homem de baixa estatura, torso robusto, olhos e cabelos negros e a pele mulata por sua origem étnica: mistura de negro e índio.

Tratava-se de um homem calado, de gestos práticos, que possuía uma disposição impressionante para o trabalho. Todos os dias – com chuva ou sol –, levantava-se de madrugada, ferramentas à mão, alimentos acondicionados em um embornal de couro, montava em sua mula e partia para a lida nas roças, retornando ao lar apenas no finalzinho das tardes.

Iolanda, que tinha quatro anos a menos e possuía a mesma procedência étnica do marido, procurava ajudá-lo, acrescentando à minguada renda familiar algum dinheiro que ganhava como costureira, ofício que aprendera por conta própria e que era tão raro naquela região, que muitas mulheres da cidade para lá se dirigiam periodicamente levando tecidos coloridos para serem transformados em vestidos, saias e blusas cujos modelos eram publicados em famosas revistas de moda.

Porém, apesar de tão requisitada, era uma atividade também mal remunerada, que pouco acrescentava financeiramente às minguadas economias familiar.

Avessos às dificuldades impostas pela pobreza material – ou acostumados a elas –, Aurélio e Iolanda formavam um casal harmonioso, sempre procurando resolver as questões cotidianas, mesmo as mais intricadas, com a maior praticidade possível, sem estardalhaços ou reclamações inúteis.

Embora não tivessem o hábito de frequentar a igreja, denominavam-se católicos, acreditavam em

Deus e costumavam fazer suas orações no ambiente doméstico, em breves reuniões para as quais os filhos eram sempre convocados.

Desse modo, para eles, a máxima apregoada por Jesus de que as alegrias celestiais estão reservadas aos aflitos da terra era algo inquestionável e os supria de uma tenaz e inflexível resignação.

Nas abrangências da antiga propriedade abrigavam-se algumas dezenas de moradores, muitos deles descendentes de ex-escravos e índios, ocupando uns casebres rústicos distribuídos em vários pontos da extensão das terras.

Porém, com a escassez de recursos e a falta de perspectivas mais promissoras para o futuro, o vilarejo chamado "Fazenda Velha" aos poucos ia sendo abandonado, principalmente pelos jovens que partiam em busca de melhores oportunidades nos ambientes urbanos, deixando aquele bucólico arraial com um número cada vez mais reduzido de viventes.

Contrariando o costume de quase todos os habitantes da localidade, que mal tendo os filhos firmado as pernas já eram conduzidos às tarefas braçais, Aurélio e Iolanda queriam que os filhos estudassem para ter a oportunidade que a eles não fora dada, ou seja, a de buscar um modo de vida menos sacrificado e mais bem estruturado em todos os sentidos.

Desse modo, Cibele e Fernando foram inscritos numa escola rural que ficava a uns três quilômetros de distância da residência, e para lá se dirigiam todas as manhãs.

Cibele sonhava com o magistério, queria ensinar crianças e adultos a ler e escrever, pois sabia o quanto isso era importante. Enquanto o sonho não se concretizava, ia praticando o ofício em casa mesmo, repassando aos pais semianalfabetos as lições que aprendia na escola rural. E isso os deixava bastante satisfeitos, pois eram alunos aplicados e atentos, que aprendiam com relativa facilidade tudo que a menina ensinava.

Os irmãos faziam o percurso de casa para a escola em passos apressados, tanto na ida quanto na volta, pois a mãe era rigorosa em termos de pontualidade e a professora, também exigente e austera, jamais permitia que houvesse faltas ou atrasos injustificados.

Por ser mais velha, apesar da pouca idade, Cibele se sentia responsável pelo irmão e sempre procurava protegê-lo, repassando a ele os poucos ensinamentos que os dois anos a mais de experiência lhe ofereciam, desavisada de que ambos não passavam de crianças que estavam ainda ensaiando os primeiros passos numa imprevisível e temporária jornada reencarnatória, que até mesmo para os adultos costuma se mostrar abarrotada de descaminhos e incertezas.

Porém isso Cibele só iria compreender com o decorrer do tempo, a custa de alegrias, dores, lágrimas e saudades.

Capítulo 2

O sumiço

"Em que sentido se deve entender a vida eterna?

A vida do Espírito é que é eterna; a do corpo é transitória e passageira. Quando o corpo morre, a alma retorna à vida eterna."

O Livro dos Espíritos – Questão 153

Na manhã daquela fatídica sexta-feira, ao chegarem à escola, os irmãos foram informados de que não haveria aula. A professora ficara doente e fora levada ao hospital ainda de madrugada, não havendo tempo hábil para que alguém pudesse substituí-la. Assim, Fernando e Cibele deram meia-volta e pegaram o caminho de casa.

Fim de primavera, aproximando-se do período de verão, àquelas alturas o calor já era intenso, promovendo um sopro morno, com cheiro de vegetação cozida, e fazendo com que o suor lhes banhasse os rostos e encharcasse suas roupas.

De repente, a certa altura do caminho, Fernando puxou Cibele pelo braço, fazendo-a parar, e perguntou:

— Maninha, você está ouvindo isso?

— Não estou ouvindo nada demais — ela respondeu, depois de alguns segundos em silêncio.

O irmão a arrastou para perto do matagal e só então ela pôde ouvir os miados longos, agudos e lamentosos que ele já tinha escutado.

— Tem algum bichinho em apuros — disse o menino. — E pelo jeito está desesperado.

— Pode ser — Cibele respondeu preocupada —, mas não podemos fazer nada para ajudar. Pode ser perigoso.

— Perigoso ou não, precisamos descobrir o que está acontecendo — Fernando disse com convicção. — Vamos lá mais perto dar uma olhada.

Ao dizer isto já foi se infiltrando na mata. Cibele, apesar de insegura, o seguiu de perto. Conduzidos pelo som dos miados que ficavam cada vez mais altos, caminharam uns cinquenta passos mata adentro até se depararem com o leito do grande rio que cortava a paisagem, movendo-se irrequieto como uma serpente gigante, irrigando as terras e abastecendo todas as casas do vilarejo.

Assim que se aproximaram da margem, avistaram um filhote de jaguatirica que se encontrava ilhado sobre uma pedra, bem no meio do rio, onde a correnteza, alimentada pelos temporais que caíam diariamente naquele período, era pressurosa e formava muitos redemoinhos.

O animalzinho, que certamente ficara preso a algum galho de árvore e fora arrastado para aquele local, ameaçava mergulhar para nadar de volta à margem. Mas ao colocar a patinha na água, recuava instintivamente prevendo o risco de ser arrastado pela corredeira. Por isso emitia aqueles apelos desesperados, em busca de socorro.

Vendo a cena comovedora e enchendo-se de compaixão, Fernando jogou a mochila com o material escolar sobre uma pedra que havia entre as árvores e começou a se despir.

— O que você está fazendo? — a irmã perguntou muito séria. — Você não está pensando em...

— É claro que eu vou salvar o pobre animalzinho ou ele vai acabar morrendo afogado — o menino respondeu interrompendo-a, pronto para mergulhar.

— Não faça isso — Cibele gritou. — Você está ficando louco?

Fernando apontou para o local onde o filhote se encontrava e falou:

— Olha lá, Cibele. O nível da água está subindo muito depressa e daqui a pouco aquela pedra vai estar submersa. O bichinho vai ser arrastado pela correnteza e vai morrer afogado.

— Fernando, não entre no rio, pelo amor de Deus! Você não percebe que é muito perigoso? — ela gritou quase implorando.

— Não se preocupe, maninha. Eu sei nadar...

— Mas a correnteza está muito forte — ela observou, segurando firmemente no braço dele. — Eu não vou deixá-lo mergulhar neste rio.

O menino suspirou fundo e perguntou:

— Então o que vamos fazer? Deixar o pobrezinho aí para morrer afogado? É isso que você quer fazer?

Ela olhou para o bichinho que estava encolhido sobre a pedra, trêmulo e aparentemente sem forças, pois permanecia agora de olhos fechados e em silêncio.

O coraçãozinho terno de Cibele estava tão aflito quanto o do irmão, mas ela tinha plena convicção do perigo que significava mergulhar naquelas águas traiçoeiras. O senso de responsabilidade falava mais alto em sua consciência.

— Tive uma ideia — ela disse por fim. — Vamos ficar na beira do caminho até que apareça um adulto. É impossível que não passe pelo menos uma pessoa por lá. Aí a gente pede ajuda.

Fernando fez cara de quem não gostou da sugestão, mas acabou concordando. Entretanto, impôs uma condição:

— Você vai lá para a beira do caminho e eu fico aqui observando o filhotinho, para ter certeza de que ele não vai cair na água nesse meio tempo.

Cibele ficou um pouco desconfiada, mas Fernando dirigiu um olhar tão implorativo que ela acabou cedendo e saindo em disparada.

Chegando à estradinha, a menina subiu em um cupinzeiro e ficou olhando para todos os lados, torcendo para que surgisse logo alguém, mas passaram-se vários minutos e ninguém apareceu.

Preocupada, ela decidiu voltar à beira do rio e se infiltrou novamente no matagal, refazendo o percurso. Lá chegando, viu que as roupas e a mochila do irmão continuavam no mesmo lugar, sobre a pedra, mas não havia o menor sinal dele nem da pequena jaguatirica, até por que, como Cibele previra, a pedra na qual o animalzinho estava ilhado encontrava-se agora totalmente submersa.

A menina sentiu um abalo imenso e um aperto no coração. Suas pernas bambearam naquele instante e ela começou a chamar desesperadamente pelo irmão, mas não obteve nenhuma resposta.

Os únicos sons que lhe chegavam aos ouvidos eram o estrilar das cigarras e o barulho da correnteza chocando-se contra as pedras que tentavam conter-lhe o avanço célere.

Completamente desnorteada, prevendo que uma tragédia poderia ter ocorrido no pouco tempo em que estivera longe dali, Cibele foi assaltada por um terrível presságio e passou a agir de modo autômato, sem refletir sobre as próprias atitudes.

Correu para a estradinha e seguiu em passos apressados em direção à casa, tencionando pedir socorro à mãe. Depois de algum tempo parou e, alimentada por um fio de esperança, deu meia-volta e retornou para a beira do rio, achando que poderia estar equivocada em suas suspeitas. Em silêncio, rezava intimamente para que o mau presságio que lhe acometera não passasse de um equívoco.

Porém, chegando ao local, notou que nada havia mudado: as roupas e a mochila continuavam sobre a pedra e tudo o mais permanecia inalterado.

Dessa vez, ela nem se deu ao trabalho de chamar pelo nome dele. Agora tinha a certeza de que algo muito ruim havia acontecido e que seria inútil perder tempo. Voltou para a estradinha e, com o coração apertado e uma dor estranha a invadir-lhe a alma, correu desesperadamente para casa.

Sentia uma vontade imensa de estar com a mãe e abrigar-se no colo dela. Queria chorar, mas o choro não saía, talvez porque a urgência do momento não oferecesse condições para isso. Sua garganta estava completamente seca e as pernas não conseguiam se firmar direito, mas ela não podia parar. Mesmo correndo o mais rápido que pudesse, nunca a casa lhe pareceu tão distante quanto naquele dia.

Capítulo 3

Pressentimento

"Acontecendo que os pressentimentos e a voz do instinto são sempre algum tanto vagos, que devemos fazer, na incerteza em que ficamos?

Quando te achares na incerteza, invoca o teu bom Espírito, ou ora a Deus, soberano senhor de todos, e Ele te enviará um de seus mensageiros, um de nós."

O Livro dos Espíritos – Questão 523

Iolanda estava costurando quando foi acometida de um mal-estar muito forte; sensação de tontura, a vista escureceu e a respiração tornou-se sôfrega, como se estivesse faltando ar em seus pulmões. Achando que aquilo estivesse relacionado ao calor intenso daquela manhã, abandonou a máquina de costura, que ficava na sala, dirigiu-se ao quarto e deitou-se na cama.

Porém percebeu que naquela posição a sensação de estar sendo sufocada se ampliava. Ergueu-se com dificuldade e encaminhou-se para o quintal, achando que poderia respirar melhor a céu aberto. Mas nada adiantou e ela concluiu que a falta de ar não era física e, mesmo tendo chegado a essa conclusão, entendeu que não dependia de sua vontade acabar com aquela horrível sensação.

O que parecia aliviar um pouco a sufocação era manter-se em movimento, por isso ela se encaminhou para a pequena porteira que divisava o quintal da casa e as terras da fazenda, seguindo pela única estradinha que cortava a campina, ligando a residência da família às demais propriedades, sendo que a mais próxima era justamente a que abrigava a escolinha onde os filhos estudavam.

Enquanto caminhava, Iolanda tentava inutilmente se livrar daquela angústia e ordenar os pensamentos. Pensou que poderia estar sofrendo os sintomas iniciais de um infarto – havia um preocupante histórico familiar relativo a doenças do coração – e se preocupou ainda mais, pois não tinha ninguém por perto para ajudar se algo grave lhe acontecesse. Fernando e Cibele estavam ausentes e o marido, pelejando na roça, só retornaria ao lar um pouco antes do escurecer.

Iolanda tinha se afastado uns cem metros de casa quando outra tontura, ainda mais forte, a fez parar e sentar-se à sombra de uma das árvores que ladeavam o caminho.

— Oh, Deus, me ajude — implorou com a voz sufocada pela insegurança, o suor escorrendo pelo rosto.

Pouco depois, segurando a cabeça com as mãos para aliviar a sensação de que tudo girava à sua volta, ergueu os olhos para o céu e voltou a implorar:

— Ajude-me, Deus! Ajude-me, por favor!

Aos poucos, a sensação de tontura e a falta de ar foram diminuindo até desaparecerem por completo, como num passe de mágica. Apesar de sentir-se mais aliviada, estava intrigada com aquela estranha ocorrência, desconfiada ainda de que poderia ter mesmo sofrido algum tipo de ataque do coração.

Com cautela, ergueu-se lentamente e estava começando a caminhar de volta para casa quando ouviu os gritos desesperados de Cibele:

— Mamãe! Mamãe!

Ela se voltou e deparou-se com a filha, que se aproximava correndo.

— Me ajuda, mamãe... O Fernando... O Fernando sumiu...

Sentindo-se ainda um pouco desnorteada pelo mal-estar que lhe acometera, Iolanda custou a entender o que a menina dizia. Segurou-a pelos ombros e perguntou:

— Cibele, o que aconteceu? Cadê o seu irmão?

— Não sei, Mamãe... — ela disse chorando. — O Fernando sumiu...

— Sumiu de onde? Da escola?

— Não. A gente estava voltando para casa quando ele desapareceu...

Iolanda continuava sem entender onde a menina pretendia chegar com aquele choro incontido e as palavras desconexas. Aliás, não entendia porque ela estava ali naquele horário, quando deveria estar estudando.

— Filha, fique calma, respire fundo e me conte exatamente o que aconteceu.

Finalmente Cibele conseguiu conter o choro e narrou uma meia-verdade. Estava apavorada e tinha medo das consequências do que havia feito. Agora ela não tinha dúvidas de que agira de modo errado ao deixar o irmão sozinho na beira do rio e, por isso, não ousava contar todos os detalhes da ocorrência.

— O Fernando entrou no mato, lá na beira do rio, para ver um filhote de jaguatirica que estava miando muito alto... Eu fiquei esperando na estrada, mas ele não voltou... Ele sumiu, mamãe...

— Ora, Cibele, deixe de ser boba. Seu irmão deve ter se escondido para lhe pregar um susto...

— Não foi isso, não senhora. Faz muito tempo que ele sumiu...

E entre uma crise e outra de choro, Cibele contou que os dois não tiveram aula naquele dia, porém continuou omitindo o restante da história. Ao fim de sua narrativa, Iolanda estava bastante preocupada e perguntou, depois de ordenar precariamente os pensamentos que se emaranhavam em sua cabeça:

— Você sabe onde fica a rocinha de feijão?

Ainda chorando, Cibele acenou positivamente com a cabeça.

— O seu pai me disse que ia trabalhar lá hoje. Então corra e conte a ele o que aconteceu.

Assim que Cibele se afastou, Iolanda foi assaltada por um pensamento ao mesmo tempo esclarecedor e aflitivo: o mal-estar que acabara de sentir poderia estar ligado ao destino do filho. Não se tratara de doença, mas possivelmente de uma premonição da tragédia que deveria ter se abatido sobre ele.

Apesar da distância física que os separava naquele momento, passou a considerar a possibilidade de que os laços afetivos entre ela e Fernando houvessem se estreitado, fazendo com que, de algum modo, sentisse a mesma agonia que ele poderia estar experimentando.

Um nó imenso se formou em sua garganta. Um misto de apatia e inquietação a subjugou completamente e a oração foi o único recurso a que pôde se agarrar em busca de amparo e esperança.

Capítulo 4
A busca

"A união e a afeição que existem entre pessoas parentes são um indício da simpatia anterior que as aproximou."

O Evangelho segundo o Espiritismo – capítulo 4 – item 19

A rocinha de feijão ficava um pouco distante. Mesmo correndo sem parar, Cibele levou quase meia hora para chegar até onde o pai estava. Em desespero, não sentia mais os incômodos do calor, sede, fome ou qualquer outra coisa que não fosse aflição e angústia.

Entre soluços, repetiu a ele a meia-verdade que contara à mãe.

— O Fernando entrou no mato e desapareceu — falou em meio a um choro desconsolado.

Somente depois de interrogá-la foi que Aurélio, com seu jeito prático de encarar a vida, começou a encilhar a mula que estava pastando próximo dali.

— Você se lembra do lugar onde seu irmão se enfiou?

— Lembro sim — ela respondeu de cabeça baixa, os olhos banhados de lágrimas, sem coragem de encará-lo.

O lavrador montou e deu a mão para que Cibele subisse na garupa da montaria. Antes de seguir para o local do desaparecimento, ele decidiu passar em casa para ver como Iolanda estava e informá-la de que iriam procurar o menino.

A mulher do lavrador estava arrasada. Com um rosário nas mãos, ajoelhada diante de imagens de gesso e gravuras desbotadas de alguns santos posicionadas num altar improvisado sobre um antigo aparador, chorava e rezava suplicando pela vida do filho.

Apesar da forte sensação de que o mal súbito que lhe acometera um pouco antes estivesse relacionado ao destino dele, Iolanda se recusava a acreditar naquilo e implorava a Deus que lhe concedesse o milagre de o encontrarem vivo.

Antes que Aurélio e Cibele partissem a galope, ela lançou ao marido um olhar de súplica e pediu entre soluços:

— Por favor, Aurélio, traga o nosso menino para casa!

Aurélio saiu a galope e depois de alguns minutos de cavalgada, Cibele apontou para os vestígios da trilha que desembocava na margem do rio e gritou:

— Papai, foi ali que o Fernando entrou.

Ele apeou da montaria, pediu a ela que ficasse segurando o animal pelas rédeas e se infiltrou no mato. A seguir, Cibele o ouviu chamando várias vezes pelo nome do menino, até que silenciou. Minutos depois, o lavrador voltou para a estrada carregando a mochila e as roupas de Fernando.

Encarou Cibele muito seriamente e perguntou:

— E então, vai me contar a verdade sobre o que ocorreu aqui? Eu sei que você está apavorada, mas mentir não vai ajudar em nada, minha filha. Preciso saber o que realmente aconteceu.

Desta vez não lhe restou alternativa a não ser relatar o que os dois tinham feito. Ao fim da narrativa, Cibele chorava de um modo tão desesperado que o pai se sensibilizou e a acolheu em seus braços, dizendo:

— Está bem, filha! O que vocês fizeram aqui foi imprudente, mas agora não adianta ficar lamentando. O que resta fazer é procurar o seu irmão e pedir a Deus que nos ajude a encontrá-lo. Venha, vamos ver se o achamos.

Deixaram a mula pastando à beira da estrada e seguiram a pé pela margem do rio, seguindo-lhe o curso em constante descida. Em alguns pontos o leito era largo e pacífico e, em outros, estreito, opresso e agressivo feito um animal selvagem.

Atravessaram pântanos, feriram-se em espinheiros e escalaram rochas aquecidas pelos raios solares, sempre mantendo os olhos voltados para o leito sinuoso que, como um espelho, refletia intensamente o sol escaldante daquele dia.

Em casa, Iolanda continuava chorando e fazendo preces, agarrada ao rosário, implorando a Deus que não desse àquele episódio um final infeliz. Mas as horas se arrastavam morosamente sem que nada acontecesse e ela cada vez mais se abastecia de maus presságios.

Ao fim da tarde, extenuados e derrotados, Cibele e Aurélio adentraram a casa de mãos vazias. Expunham feridas profundas no corpo e na alma. As primeiras se mostravam como arranhões provocados por espinheiros nos quais o sangue havia coagulado sobre suas peles, e as segundas se projetavam no desconsolo e na frustração inequívoca de seus olhares.

Iolanda se aproximou e, sem dizerem uma só palavra, mãe e filha se abraçaram e choraram longamente. Porém, Aurélio, apesar da dor que também sentia, deduziu que sua função era a de tomar as medidas necessárias para resolvê-la do modo mais prático possível.

Havia chegado à conclusão de que nada mais poderia ser feito naquele momento. Então o jeito seria esperar a manhã seguinte para voltar a empreender as buscas pelo corpo do filho, já que em sua visão realística, o destino do menino estava selado. Para isso, tencionava recorrer à ajuda dos moradores da Fazenda Velha para procurá-lo no dia seguinte, logo pela manhã.

Capítulo 5

A volta

"Sua alma se desprenderá de tal maneira do corpo que, enquanto ele se estorcer em convulsões, ela planará nas regiões celestes, entoando, com os anjos, hinos de reconhecimento e de glória ao Senhor."

O Evangelho segundo o Espiritismo – capítulo 5 – item 19

O sol se despediu e foi substituído por um tremendo temporal, com trovoadas e relâmpagos assustadores. Aurélio foi para a cama, mas Cibele e Iolanda permaneceram juntas, na sala, rezando para que Fernando estivesse vivo, muito embora, no íntimo, também já não contassem muito com essa possibilidade.

De madrugada, vencidas pelo cansaço, as duas pegaram no sono ali mesmo no piso da sala, estiradas sobre esteiras de buinho trançado.

Quando os pálidos clarões da alvorada, anunciando mais um dia de calor abrasivo, infiltraram-se pelas frestas da cumeeira e começaram a iluminar a casa, Cibele entreabriu os olhos doloridos e viu o irmão numa imagem diáfana, bem no centro da sala, olhando-a passivamente e sorrindo.

Ela quis levantar-se, abraçá-lo e gritar de felicidade, dando a boa notícia à mãe, que ressonava ao seu lado. Mas o menino fez sinal com as mãos para que ela permanecesse onde estava e se mantivesse em silêncio.

Então, na quietude daquela estranha madrugada, Cibele ouviu a voz de Fernando ecoar em sua mente em tom consolador:

— Não precisa me procurar mais, maninha. Eu já voltei para casa.

— Voltou como? — ela perguntou mentalmente.

— Daqui a pouco você saberá — Fernando respondeu antes de desaparecer de suas vistas, sem que ela pudesse ver por onde ele havia saído.

Mas agarrando-se ao fio de esperança tecido por aquelas palavras, e impulsionada por um desejo descabido e ao mesmo tempo tão almejado, a menina se ergueu ligeiramente e dirigiu-se ao quartinho que o irmão ocupava.

Entretanto, decepcionada e aturdida, verificou que a cama estava vazia, o que fez aumentar sobremodo a confusão mental de que foi acometida. A visão e o curto diálogo ocorridos há pouco teriam sido apenas um sonho?

Agindo ainda por impulso, abriu a janela do quarto, que ficava voltada para os fundos do quintal arenoso, em declive, com goiabeiras esparsas cujas copas começavam a ser banhadas pelos frouxos raios do sol recém-nascido.

Dali era possível enxergar o açude usado para lavar roupas e foi justamente para lá que seus olhos se voltaram num movimento quase involuntário. O pequeno dique era formado a partir de um córrego recurvo que fora aberto manualmente nos tempos remotos em que a fazenda era produtiva.

Esse escoadouro desviava um feixe de água do rio até próximo à residência, para atender às necessidades dos moradores, e voltava a se juntar ao leito, no meio da mata, algumas centenas de metros abaixo.

Entre as pedras do açude, algo chamou a atenção de Cibele. Inicialmente pareceu-lhe um tronco de árvore boiando na superfície d'água, mas ao firmar bem a vista, certificou-se de que era o corpo do irmão que, impulsionado pela corredeira, fora conduzido exatamente para aquele ponto, a uma pequena distância de sua casa.

Promovendo uma gritaria ensurdecedora que acordou os pais e os deixou em polvorosa, Cibele fez com que eles a acompanhassem em uma frenética corrida, precipitou-se para o quintal, entrou no açude e, com a água batendo à altura dos ombros, resgatou o pequeno cadáver e o acolheu nos braços, enquanto ouvia a voz do menino ecoar em sua mente:

— Eu já voltei para casa, maninha!

E em meio a um pranto de dor infinita, Cibele agarrou-se com força àquele corpo inerte e gelado, acariciou-lhe o rosto petrificado e murmurou:

— Você cumpriu o que prometeu, maninho querido! Mas eu queria que tivesse voltado vivo. Morto assim, não é justo...

Capítulo 6

Luto e remorso

"Venho instruir e consolar os pobres deserdados. Venho dizer-lhes que elevem a sua resignação ao nível de suas provas, que chorem, porquanto a dor foi sagrada no Jardim das Oliveiras; mas que esperem, pois que também a eles os anjos consoladores lhes virão enxugar as lágrimas."

O Evangelho segundo o Espiritismo – capítulo 6 – item 6

Dias de luto, tristeza, lágrimas e sofrimento sequenciaram a infeliz ocorrência no seio daquela pequena família. Entretanto, dos três, a dor maior se refletia em Cibele que, além do sentimento de perda, era fustigada também pelo remorso.

Apesar de os pais a terem isentado de responsabilidades, com o objetivo de não agravarem ainda mais a situação que já se mostrava bastante complexa, seu estado emocional era preocupante.

Com o passar dos dias e o remorso pesando-lhe impiedosamente sobre os ombros, até mesmo a possibilidade de haver conversado com o irmão depois do afogamento – e de ele ter dito claramente que tudo estava bem – foi perdendo o poder de abrandar a inquietação diuturna que lhe dilacerava a alma.

Por que fizera aquilo? Por que cedera à vontade do menino e o deixara sozinho à margem do rio? Por que não insistira para que fosse o Fernando e não ela em busca de ajuda na beira da estradinha?

Por quê? Por quê? Por quê?... Cibele fazia essas perguntas diuturnamente a si mesma, inclusive em meio ao sono, nas inúmeras vezes em que sonhava com o irmão.

No enredo desses sonhos, sempre muito parecidos, ela o via ser arrastado por uma forte corredeira. Estava bem próxima a ele, sentada em uma pedra, e estendia o braço para que Fernando segurasse em sua mão.

Ele fazia um grande esforço e seus dedos chegavam a se tocar, mas Cibele não conseguia evitar que a correnteza o arrastasse em direção a um redemoinho.

Antes de ser tragado pelo movimento giratório das águas, Fernando acenava despedindo-se dela e, apesar de tudo, sorria demonstrando que tudo estava bem.

O problema era que, em vez de Cibele se apegar àquele detalhe e encarar os sonhos como uma mensagem positiva, um aviso de que realmente estava tudo bem e que o menino não a culpava pelo afogamento, ela fixava a atenção ao momento em que os dedos dele apenas resvalavam em sua mão.

A incapacidade de segurá-lo, de evitar que fosse levado pela corredeira, provocava uma sensação de impotência que se mantinha atuante mesmo depois que ela acordava; mesmo depois de saber que fora apenas mais um sonho, uma manifestação negativa de sua mente conturbada pelo remorso.

Subjugada pela imensurável tristeza, Cibele chorava constantemente e buscava refugiar-se no isolamento, tornando-se calada e introspectiva, alimentando-se de solidão e silêncio.

Aos pais restou acompanhar aqueles distúrbios com velada resignação e muita paciência, tentando, em gestos sutis, tirá-la daquele estado depressivo, mas respeitando-lhe o luto, a dor e a perturbação temporária.

Uma noite, antes de pegarem no sono, Aurélio e Iolanda travaram um curto diálogo que foi ouvido pela filha.

— Ah, Aurélio, fico tão preocupada vendo a Cibele naquela tristeza — disse Iolanda.

E o marido respondeu:

— Eu também me preocupo muito. Mas o luto é consequência do amor e é necessário que ocupe o seu espaço até que se torne suportável. Com o passar do tempo, as coisas se acalmarão. Nós também estamos sofrendo a nossa parcela de dor.

— Sim, mas o sofrimento de nossa filha é agravado pelo sentimento de culpa. É isso que me deixa ainda mais preocupada.

Aurélio silenciou depois dessa observação de Iolanda e isso foi para Cibele como uma acusação. Ela quis muito que ele dissesse qualquer coisa que reforçasse a sua isenção de responsabilidade, mas o pai simplesmente se calou. Certamente não o fez por maldade, porém por estar cansado e sonolento. De qualquer modo, isso só fez piorar a já caótica condição da menina.

Cibele decidiu abandonar temporariamente os estudos. Não estava em condições de se concentrar nas aulas nem se sentia preparada para passar todos os dias pelo local onde a tragédia ocorrera.

Além disso, com a ausência do irmão, não havia quem pudesse acompanhá-la à escola. Deixá-la fazer o percurso diário desacompanhada era um absurdo que nem passava pela cabeça de seus pais.

A vida perdeu boa parte do sentido no pequeno lar. Sinônimo de alegria e bom ânimo, todos viam Fernando como um farol a iluminar a casa humilde e alegre de antes.

E havia mesmo um amor vibrante no coração daquele menino, que era, na verdade, um Espírito elevado, vivenciando uma curta reencarnação solicitada por ele próprio, por questões nobres, e cujo período havia chegado ao fim.

Desde pequenino, ainda no colo, e distante do momento em que esboçaria pela primeira vez as sílabas de palavras como "*mamã*" e "*papá*", Fernando já interagia com todos por meio de sorrisos ternos e cheios de luz.

As limitações físicas e psíquicas do corpinho infantil não o permitiam saber o que aquilo representava, mas era a manifestação de sua elevada estatura moral a fazer diuturnas declarações de amor às pessoas e a tudo que o cercava.

À medida que se desenvolvia fisicamente, as experiências adquiridas em outras eras iam despertando em seu inconsciente e interferindo de modo positivo em suas relações com o mundo.

Fernando procurava retribuir o modo educado e respeitoso com que era tratado em sua maneira de lidar não só com as pessoas, mas também com a natureza e com tudo que dela fizesse parte.

Preocupava-se em alimentar não somente os animais domésticos, mas também bichinhos silvícolas como pássaros, saguis e preguiças que rondavam o quintal. Sob o seu olhar atencioso, nenhuma plantinha ficava muito tempo sem ser devidamente regada.

Até as pedrinhas despertavam nele certo fascínio. Fernando costumava pegá-las na mão e passar longo tempo contemplando-as, admirando suas variadas cores e diferentes formatos; cada uma com seu aspecto único. Pode-se dizer que em tudo ele parecia enxergar a providência divina, por isso se sentia tão embevecido diante das menores coisas.

Mais crescido, embora não fosse obrigado a trabalhar, já que os pais queriam que ele se dedicasse apenas aos estudos, o menino sempre se oferecia para ajudar nas tarefas. Assim, tanto era capaz de empunhar a enxada em auxílio ao pai, na capina das roças, quanto manuseava sem dificuldade, tesoura, agulhas e linha em socorro à genitora, quando a demanda de costura exigia maiores esforços.

Desde novinho, nunca se limitou a ficar olhando enquanto Cibele e Iolanda realizavam os afazeres domésticos. Fernando procurava ajudá-las, sempre bem-humorado, caprichoso e responsável, parecendo mais um adulto em miniatura do que uma criança.

Curioso, vivia a fazer perguntas. Num início de noite, quando tinha apenas três anos, sentou-se na soleira da porta da cozinha, apontou para o céu salpicado de estrelas e indagou:

— *Mamã*, o que são aquelas luzinhas lá em cima?

— São as estrelinhas do céu, meu filho — a mãe respondeu com um sorriso amável, repleto de ternura.

A seguir, ele apontou para uns vagalumes que piscavam no quintal e exclamou de um modo graciosamente didático, como quem elucidasse um grande mistério:

— Ah, então aquelas ali devem ser as *estelinhas* da terra!

Lembranças como esta promoviam uma dor imensurável nos corações enlutados dos entes queridos e sempre os levavam às lágrimas.

Cibele costumava se perguntar por que Deus havia lhe dado um menino incrível como irmão, para tomá-lo de volta em tão pouco tempo. No fragor do sofrimento, pensava que seria melhor não tê-lo conhecido. A sensação que ela tinha era a de que a dor provocada pelos sentimentos de perda e remorso jamais iria deixá-la em paz.

Capítulo 7

Reencontro

"Uma vez que há inconveniente em vermos os Espíritos, por que, em certos casos, é isso permitido?

Para dar ao homem uma prova de que nem tudo morre com o corpo, que a alma conserva a sua individualidade após a morte. A visão passageira basta para essa prova e para atestar a presença de amigos ao vosso lado e não oferece os inconvenientes da visão constante."

O Livro dos Médiuns – capítulo 6 – 8ª questão

Num início de tarde, Cibele saiu de casa às escondidas e dirigiu-se ao local onde o irmão se afogara.

Abraçou-se a uma cruz feita com galhos de angico, que o pai havia erguido em homenagem a ele e chorou sentidamente por alguns minutos.

Depois se sentou numa pedra que ficava próxima à margem do rio e ficou olhando as águas irrequietas. Deixava grossas lágrimas lhe banharem o rosto, enquanto sentia crescer em sua alma um desejo imenso de ir ao encontro de Fernando. Mal sabia ela que, muitas vezes, os que partem estão mais próximos de nós do que os que ficam.

Ela não tinha como saber, mas o desejo de pôr fim à vida não se originava apenas de seus pensamentos. Entidades perturbadoras, atraídas pelas vibrações negativas que emanava, incentivavam-na a cometer o ato equivocado que, além de não resolver problema algum, acabaria comprometendo-lhe drasticamente a atual encarnação.

Quando a vontade de se jogar nas mesmas correntezas em que Fernando havia afogado se mostrou irresistível, Cibele se sentiu envolvida por uma súbita sonolência, seu corpo pesou, os olhos se fecharam e ela se deitou sobre a pedra, tomada por uma estranha sensação de desmaio, mas sem perder totalmente a consciência.

Nesse momento, percebeu a aproximação de um vulto. Inicialmente sentiu medo, mas se acalmou ao ouvir as palavras que eram ditas por uma voz bastante familiar:

— Calma, Cibele! Sou eu, o Fernando.

Ela sentiu um arrepio prazeroso, como se recebesse o sopro suave de uma brisa, ao mesmo tempo em que questionou:

— Como pode ser você, Fernando? Você morreu afogado nessas águas. Faz um ano que enterramos o seu corpo.

— Sim, foi exatamente isso, maninha; vocês enterraram "o meu corpo", apenas ele, porque eu continuo vivo — ele respondeu com extrema amorosidade. — Entenda de uma vez por todas que eu deixei a vida física na hora certa, de acordo com o que foi planejado por Deus. Se não fosse por afogamento, seria de outra forma, mas precisava ser naquele dia e você não poderia fazer nada para evitar, acredite.

Cibele se encontrava em estado de êxtase. Sentia o coração aquecido e, embevecida, fitava os olhos translúcidos do irmão a transmitir paz e o imenso amor fraterno que lhe devotava.

— Cibele, preste bastante atenção ao que vou lhe dizer — ele prosseguiu. — Eu tive a permissão para me apresentar e pedir que não faça a loucura que está pretendendo. Você tem compromissos importantes para esta encarnação e cometerá um grande equívoco se deixá-la antes da hora programada. Tenha paciência, minha irmãzinha! Acredite em Deus e procure se libertar desse inútil sentimento de culpa. Além de não ajudar em nada, o remorso ainda a está arrastando para um abismo psicológico que poderá prejudicar demais o seu equilíbrio.

Assim dizendo, e já dando a entender que o encontro chegava ao fim, Fernando se aproximou e a beijou levemente na testa. Antes que Cibele retomasse a plena consciência, ele voltou a advertir:

— Por favor, não se esqueça das coisas que lhe falei. Fique com Deus, minha irmã querida! Eu te amo muito e estarei por perto sempre que me for possível. Acredite!

Ao despertar daquele transe, Cibele se mostrava muito emocionada. Por mais desarrazoado que pudesse parecer, algo em seu coração lhe dava a certeza de que o que acabara de vivenciar havia sido mesmo real. Seu querido irmão estivera ali, conversando com ela, beijando-lhe a testa e mostrando que estava em paz, que não havia razão para aquele desespero todo.

Lembrava-se com clareza de Fernando ter lhe pedido que jamais se esquecesse de suas orientações.

Depois daquele dia, a vida de Cibele se tornou menos penosa. Apesar de a tristeza permanecer sombreando-lhe a alma, fazia-o agora de um modo mais suave, sem a perturbação dos sentimentos de culpa e de revolta.

Prevendo, com razão, que os pais jamais acreditariam no fenômeno ocorrido à beira do rio, e não querendo preocupá-los ainda mais a respeito de sua sanidade mental, a menina decidiu guardar com ela o enigmático segredo que lhe fizera tão bem.

Capítulo 8

A passagem

"Quando soar a hora do repouso, e a trama da vida se vos escapar das mãos e vossos olhos se fecharem para a luz, sentireis que surge em vós e germina a minha preciosa semente."

O Evangelho segundo o Espiritismo – capítulo 6 – item 6

Quando os miados da pequena jaguatirica atraíram a atenção de Fernando, ele não conseguia ouvir mais nada a não serem aqueles lamentos. Foi como se uma força irresistível o conduzisse à beira do rio.

Vendo o filhote naquela situação de perigo, a única ideia que lhe passava pela cabeça era a de tentar salvá-lo. Assim, quando Cibele se dirigiu à beira do caminho para encontrar alguém que pudesse ajudá-los, ocorreu o que ele julgou ser uma boa ideia. Então começou a procurar no meio do mato e encontrou um galho seco bem comprido.

Em sua ingenuidade infantil, calculou que se conseguisse fazer o galho chegar até a pedra, o animalzinho que ali estava ilhado iria se agarrar à ponta e poderia ser arrastado. Fernando achava que, desse modo, poderia capturá-lo sem precisar avançar muito para dentro do rio.

O menino estava ficando aflito porque o leito subia muito rápido e a pedra que abrigava o filhote já estava quase que totalmente submersa. Então decidiu colocar o plano em prática, já prevendo que a irmã dificilmente encontraria alguém para ajudá-los naquela ação de resgate.

Arrastou o galho e foi entrando lentamente no rio, mas a corredeira era bem mais forte do que supunha. Quando se deu conta de que o plano não tinha como funcionar, a água já estava na altura de seu peito.

Fernando começou a lutar contra a força das águas, para retornar à margem, mas escorregou no fundo lodoso, perdeu o equilíbrio e não conseguiu mais ficar em pé. Em função disso, foi sendo arrastado para o meio do rio onde a corredeira era muito forte, como se seu corpo fosse um tronco seco.

Lutou o quanto pôde, mas era pequeno e leve demais para vencer a força indômita do leito pressuroso. Enquanto travava aquele combate desesperado contra as águas, ele só pensava na promessa que havia feito à Cibele e era isso que o deixava mais angustiado.

Quando concluiu que não tinha mais como escapar da morte, foi à irmã que enviou o último pensamento, pedindo que o perdoasse, e parou de relutar. De repente tudo ficou escuro e silencioso. Uma profusão de sentimentos o envolveu por algum tempo e Fernando julgou que tudo estivesse perdido.

Porém, passado algum tempo, foi envolvido por uma claridade imensa que parecia brotar de dentro para fora, seguida de uma surpreendente lucidez. Foi como se uma metamorfose espetacular houvesse se operado em seu ser, transformando-o em algo muito maior do que um garotinho de onze anos, repleto de limitações.

Num sentido incompleto, podemos comparar o processo experimentado por ele como aquele em que a lagarta se liberta do casulo acanhado, abrindo as asas, desabrochando-se numa fascinante profusão de cores e leveza, ganhando alturas que um pouco antes lhe pareciam inalcançáveis.

Além da expansão de ideias, Fernando sentiu expandir-se também a abrangência do sentimento que prevalecia em seu coração: o amor! Ah, como era diferente agora e muito mais potente a força do amor que se desenvolvia em algum compartimento imponderável de seu ser e se projetava em todas as direções, de forma ubíqua e ilimitada, à semelhança dos raios do sol esplendoroso daquela inesquecível manhã.

Ele ainda não tinha muita noção de onde estava, mas era, sem dúvida, uma posição privilegiada, de onde conseguia acompanhar todas as ocorrências que se seguiram ao afogamento. Entre os flashes de luz que o sol promovia sobre o leito do rio, contemplou o corpinho infantil, que até bem pouco lhe servira de vestimenta carnal, sendo levado pela correnteza.

Viu, ao mesmo tempo, o desespero de Cibele chorando e correndo para casa, em busca do amparo materno, sem saber como dar à mãe a notícia de seu desaparecimento.

Sentiu os mesmos incômodos que envolveram Iolanda e acompanhou todos os movimentos feitos por ela, tentando se livrar daquelas perturbações. Perscrutou a angústia inexplicável da genitora, a tontura e a falta de ar em seus pulmões.

Observou enquanto o pai e a irmã o procuravam e estava também ao lado da mãe, ouvindo as preces de seu aflito coração.

Desejoso de saber sobre o destino da pequena jaguatirica, teve uma visão feliz sobre a cena recém-ocorrida. Viu que quando a pedra fora encoberta pela correnteza, o animalzinho se deixara levar em direção a uma das margens e, apesar do susto e de haver engolido uma grande quantidade de água, conseguira adentrar a mata e retornar para o habitat ao qual pertencia.

Envolvido em todas aquelas questões em um curtíssimo período de tempo, somente depois que Cibele pegou no sono e a casa mergulhou em silêncio, foi que Fernando ouviu uma voz suave e amorosa ecoar em sua mente, dizendo:

— Sejas bem-vindo de volta ao lar, irmão querido! Terminou o curto período reencarnatório que tu solicitaste ao Pai amado. Agora que estás livre, poderás dar sequência à tua missão. Deus o abençoe, ilustre companheiro!

Nesse momento, como em um passe de mágica, grande parte da vida espiritual de Fernando se projetou, à semelhança de um filme, em seu campo mental. Reviu suas últimas reencarnações e as batalhas que havia travado contra as más inclinações morais que ainda o subjugavam.

Lembrou-se de haver adotado, nas últimas experiências terrenas, uma postura positiva, devotando-se ao aprendizado, divulgação e prática da doutrina de amor trazida ao orbe pelo Cristo. Em nome dele sofreu privações, injúrias e perseguições, mas foi aos poucos aprendendo a manter firme o propósito de ascensão espiritual diante de qualquer adversidade que surgisse.

Percebeu, com o passar do tempo, que a fé se robustece quando é alimentada com orações, mas, principalmente, com ações de caridade desinteressada, com amor a Deus, ao próximo e a todas as coisas criadas pelo Pai celestial.

Capítulo 9

O passado

"Em verdade vos digo: os que carregam seus fardos e assistem os seus irmãos são bem-amados meus. Instruí-vos na preciosa doutrina que dissipa o erro das revoltas e vos mostra o sublime objetivo da provação humana."

O Evangelho segundo o Espiritismo – capítulo 6 – item 6

Dando sequência à jornada de ascensão moral abraçada com obstinação, Fernando, em sua penúltima experiência no plano material, havia sido um benfeitor abnegado desde os primeiros laivos de consciência, ainda na infância, até o momento de sua desencarnação, ocorrida aos 96 anos de idade. Foi uma vida inteira de amor e caridade, dedicados ao bem-estar do próximo.

Por vontade própria pleiteara reencarnar em um ambiente onde pudesse colocar em prática a sua determinação em servir. Assim, nasceu e viveu em uma erma cidadezinha na região norte do Brasil; lugar de seca constante por escassez de chuva, solo arenoso, infértil; um recanto pobre e abandonado pelas autoridades constituídas, berço de Espíritos bastante endividados com as leis divinas, a maioria deles enfrentando dificílimas provações e expiações corretivas, tanto físicas quanto morais.

Nesse insólito lugar, a miséria rondava praticamente todos os lares e a mortalidade infantil alcançava índices inimagináveis. Os núcleos familiares eram nichos onde se agrupavam inimigos de vidas passadas que, por desconhecimento das leis de Deus, viviam se digladiando, ofendendo-se mutuamente e aplicando em si próprios as mais dolorosas penitências.

Fernando procurava amenizar o sofrimento não só dos moradores daquele rincão, mas também de outras localidades igualmente inóspitas, que o procuravam em busca de tratamento para os vários tipos de enfermidades que contraíam, muitas vezes ainda na primeira infância. O benfeitor os acudia com o que dispunha de recursos, de modo geral transformando em medicamentos substâncias fornecidas pela própria natureza, a fim de amenizar-lhes as penúrias.

As orientações sobre o tipo de material a ser usado em cada caso, e o modo de manipulá-los no preparo das medicações, provinham de amigos espirituais que o intuíam, ou então afloravam de conhecimentos inatos, adquiridos por Fernando em encarnações passadas.

Por estar constantemente em prece, com os pensamentos elevados à espiritualidade superior, ele vivia em estado de êxtase, cumprindo o papel de verdadeira ponte a unir o que havia de melhor entre os dois planos da vida, ou seja, o amor incondicional e o desejo sincero de ser útil.

Mas a assistência medicamentosa não era o único móvel de suas ações. Muitos o procuravam para pedir orientações sobre os mais variados assuntos, situações como dificuldade no relacionamento familiar, processos de obsessões e subjugações espirituais, inquietações psíquicas, crises emocionais em decorrência de luto, fome, traições e uma infinidade de problemas desse tipo.

Assim como no preparo dos bálsamos para o corpo, os conselhos que Fernando dava provinham também das entidades benfeitoras, que conheciam a vida pregressa dos habitantes daquele aprisco. Sabedores das causas que ensejaram tantos efeitos negativos no plano da matéria, inspiravam as orientações mais eficazes a cada situação em particular.

E foi justamente naquela reencarnação que o amor ganhou uma força incrível no coração de Fernando, elevando-o à condição de Espírito lúcido, tornando-o mais senhor dos próprios atos e mais responsável por seu livre-arbítrio, essa sagrada lei que se expande de acordo com a expansão do amor ofertado nas ações humanas.

Naquela encarnação, Cibele fora sua filha e Fernando ensinou a ela tudo que sabia. Cibele teve boa vontade em aprender e colocou em prática o aprendizado quase do mesmo modo que o pai. Porém, sem conseguir vencer alguns vícios morais que ainda a subjugavam, não elevou sua capacidade de amar à altura que poderia ter elevado naquela bendita oportunidade de servir.

O que a levou a descuidar das tarefas com as quais estava comprometida foi a paixão desenvolvida em seu coração por um rapaz que, apesar de não ser necessariamente ruim, tinha ciúmes e não gostava de dividir a atenção de Cibele com ninguém. Assim, durante alguns anos, ela se submeteu às egoísticas vontades dele e negligenciou a assistência aos necessitados. Fez ouvidos moucos aos apelos do genitor para que se mantivesse firme nos propósitos de servir ao próximo, renunciando às ilusões do mundo, e só retomou a razão quando o moço decidiu abandonar o lugarejo infeliz e desapareceu para sempre, em busca de melhor sorte em outras paragens.

Pai e filha desencarnaram praticamente juntos naquela encarnação. Durante o período em que permaneceram na erraticidade, uniram-se ainda mais e pediram humildemente a Deus a dádiva de se reencontrarem novamente, o que foi concedido pela misericórdia do Criador e de acordo com o merecimento angariado principalmente por Fernando.

Na atual encarnação, aqueles onze anos de convivência familiar, na condição de irmãos, foi muito importante para mantê-los em sintonia e para que Fernando pudesse continuar fornecendo a Cibele as orientações de que ela tanto necessitava para dar sequência às ações iniciadas na encarnação anterior.

Esta reencarnação de Fernando estava programada para se encerrar no dia em que ele escolheu salvar o animalzinho indefeso que se achava em apuros. Ou seja, tudo havia transcorrido de acordo com o que fora planejado. Se não fosse por meio do afogamento, o desenlace ocorreria de outra forma, mas de qualquer modo seu retorno ao plano espiritual não seria adiado.

Até o fato de estar sozinho no fatídico momento em que se libertou do corpo físico havia sido solicitado por ele. Fernando não queria que seus entes queridos presenciassem um momento que para eles seria tão triste. E assim, mais uma vez em função do merecimento que possuía, seu pedido fora prontamente acatado.

Quanto mais mergulhava em sua própria história de vida, mais sentido Fernando encontrava em todos aqueles acontecimentos. Libertando-se dos liames inibidores da matéria física, ia readquirindo a lucidez espiritual tão necessária para ter melhores condições de orientar Cibele nas importantes tarefas assumidas, a fim de expandir-se em amorosidade.

Foi com a consciência despertada para tudo isso, que ele adentrou a sala onde a irmã e a mãe dormiam naquela madrugada. Atraiu a atenção de Cibele, cuja alma estava em estado de vigília, e se comunicou com ela, buscando sossegar-lhe o coraçãozinho aflito e tão dolorido.

Fernando sabia que o pequeno corpo que lhe servira de roupagem por onze anos havia sido arrastado para o açude. Foi por isso que disse aquelas palavras, induzindo Cibele a ir até o local onde encontraria o pequeno cadáver, antes que o pai retomasse as buscas em uma desgastante e infrutífera empreitada.

Depois daquele dia, Fernando passou a conciliar sua readaptação ao plano espiritual – onde não faltam atividades caritativas para quem tem boa vontade e amor incondicional no coração – e as orientações que podia dar à Cibele, sem que isso representasse interferência no livre-arbítrio da menina.

A influência mais direta que empreendera foi somente no dia em que a irmã, deixando-se levar por más sugestões de entidades desequilibradas que se alimentavam de sua tristeza, estava prestes a cometer o suicídio. Foi para ele um grande alívio notar que ela havia compreendido a loucura que tal ato representava e acabar desistindo de cometê-lo.

Capítulo 10

Mudança

"Bem-aventurados os aflitos, pois que serão consolados, visto que as suas preocupações não são aquelas que têm no céu as compensações merecidas."

O Evangelho segundo o Espiritismo – capítulo 5 – item 23

Aos poucos, os atrativos que já eram quase inexistentes no povoado da Fazenda Velha foram se escasseando ainda mais e umas ideias persistentes andaram tirando o sossego de Aurélio. Ele não sabia como falar sobre aquilo com Iolanda e Cibele, achando que elas o chamariam de louco.

Entretanto, espezinhado por projetos que passaram a perturbá-lo com a constância e o incômodo de uma urticária, o lavrador decidiu, no meio de uma conversa à mesa de refeições, dizer o que pensava. Como sempre, agindo de modo concreto, foi econômico de palavras:

— Vontade de sumir deste fim de mundo.

E não precisou dizer mais nada para que a esposa e a filha não apenas entendessem o seu desejo, como concordassem imediatamente em ajudá-lo a colocar em prática. Na verdade, nenhum deles suportava mais viver naquele lugar e, em seus conceitos, sobravam razões para querer distância dali.

Para Cibele, o desejo de mudar de ares era maior do que para os demais. Ela tinha a sensação de que a única maneira de se livrar daquele fardo emocional seria deixando para trás o lugar onde protagonizara parte da tragédia que desencadeara tanto sofrimento em seu coração.

Como se o universo conspirasse a favor do que pretendiam fazer, alguns dias depois daquela conversa, um primo de Aurélio, que vivia em São Paulo há mais de dez anos e que estava de férias, andou visitando os poucos parentes que ainda viviam na Fazenda Velha. Num diálogo com o lavrador, tomou conhecimento dos planos de mudança e tratou de incentivá-lo.

— Eu sempre achei que você anda perdendo muito tempo neste lugar, rapaz. Está esperando o que para ir embora daqui? Esta fazenda já deu o que tinha que dar.

Romualdo tinha um jeito engraçado de expor seus pontos de vista. Era um homem extrovertido e se tornava ainda mais falador quando tomava uma cachacinha. E era exatamente o que estava fazendo naquele momento, enquanto dialogava.

— Não sei, não — Aurélio obtemperou pensativo. — Tenho medo de meter Iolanda e Cibele numa enrascada.

— Pois deixe de insegurança, homem! São Paulo é uma cidade que cresce o tempo todo e oferece grandes oportunidades para pessoas trabalhadeiras como nós, que crescemos agarrados ao cabo da enxada. É lá que tudo acontece, primo, e o trabalho se reproduz que nem filhotes de coelho. Além disso, vocês vão poder contar com a ajuda da minha família até se estruturarem. Fiquem tranquilos, pois não estarão sozinhos naquela selva de pedra.

Romualdo contou que havia acabado de construir uma casa nos fundos do quintal de sua residência e que o primo poderia ocupá-la pelo tempo que fosse preciso. Disse para ele não se preocupar, que tinha certeza de que sua esposa Carlinda e os filhos Levi e Alessandro iriam adorar ter os parentes como vizinhos.

— Terminei de construir a casinha que, com certeza, vai suprir bem às necessidades de vocês. O objetivo é alugá-la, mas vocês não precisarão pagar nada enquanto não estiverem estabilizados. Graças a Deus, eu ganho um bom salário — disse ele, benzendo-se e erguendo as mãos para o céu. — Além disso, vai ser moleza arranjar emprego para você. Na empresa em que eu trabalho, a gente vive precisando contratar mão de obra o tempo todo. Construção civil é uma loucura em São Paulo. Meus patrões constroem de três a quatro prédios ao mesmo tempo. Coisa de louco!

— Mas, Romualdo, eu não tenho profissão... — observou Aurélio.

— Eu sei, mas você tem três coisas muito importantes, primo: saúde, responsabilidade e força de vontade para aprender. Esses detalhes são fundamentais para quem quer crescer em São Paulo. Profissão se aprende, ou você acha que eu cheguei ao canteiro de obras vendendo sabedoria? Eu o conheço desde menino e sei que posso indicá-lo. Vou lhe ajudar, fique sossegado! Se é por causa disso que você está titubeando, pode perder o medo. Confie em mim, primo.

Alguns meses depois daquela conversa, os familiares de Fernando se mudaram para São Paulo levando as poucas coisas aproveitáveis que possuíam e que podiam ser carregadas em meia dúzia de sacolas. Na tarde de um sábado ensolarado, Romualdo foi buscá-los no terminal de ônibus e os recebeu festivamente, retribuindo a hospitalidade com que era tratado sempre que ia à Bahia.

Embarcaram no veículo dele e logo estavam em frente à casa bonita que Romualdo possuía. O imóvel que iriam ocupar ficava nos fundos da residência principal, tinha acesso independente por um corredor lateral e estava praticamente mobiliada, de modo que Aurélio não precisaria comprar praticamente nada.

— A Carlinda vivia reclamando que os nossos móveis estavam velhos. Então resolvi matar dois coelhos com uma só cajadada: comprei móveis novos para ela e trouxe os usados para cá — explicou Romualdo.

— Velhos? — Iolanda questionou admirada. — Mas estes móveis estão novinhos em folha.

— Questão de ponto de vista — Romualdo falou fazendo uma careta engraçada. — Carlinda é exigente demais, prima. Aliás, vocês ainda não se conhecem, não é?

— Bem, eu nunca estive em São Paulo e, como ela também nunca esteve na Fazenda Velha, nós jamais nos encontramos.

— Daqui a pouco ela chegará com os meninos e vocês vão se conhecer. Foram ao shopping fazer compras e já devem estar a caminho de volta. Ah, o jantar hoje é em minha casa, está bem?

— Nós não queremos incomodar, primo — Aurélio contestou. — Podemos comer qualquer coisa e...

— Incomodar? De jeito nenhum! Vocês vão jantar comigo nem que eu tenha de levá-los amarrados.

— Tudo bem, então nós vamos. Ninguém aqui quer ser amarrado feito um garrote — Aurélio falou provocando risadas.

Logo depois, Carlinda e os meninos chegaram em um taxi. Usavam roupas da moda e carregavam muitas sacolas. A esposa de Romualdo era uma mulher visivelmente vaidosa, vestia-se elegantemente, tinha o corpo esbelto, a pele muito clara e cabelos ruivos cacheados. Tratou os parentes com simpatia, dando especial atenção a Iolanda. Alessandro e Levi apenas os cumprimentaram rapidamente e entraram correndo.

Foi assim que Aurélio, Iolanda e Cibele se instalaram na nova casa, cheios de esperanças, sonhos e projetos. Romualdo havia dito para não se preocuparem com nada e ficava repetindo isso o tempo todo.

Explicou que as contas de energia elétrica e água eram compartilhadas entre as duas residências, mas que não precisariam ajudar a pagá-las enquanto não estivessem devidamente ajustados à nova cidade, com renda garantida. Do mesmo modo, em relação ao aluguel, disse que não deveriam nem pensar naquilo também.

E ele estava sendo sincero. Era um homem generoso e gostava de agradar às pessoas, o que deixou Aurélio bem à vontade.

Mais tarde, com os apetrechos mais ou menos instalados na casa dos fundos, os familiares de Fernando foram jantar e Romualdo voltou a falar sobre a questão das contas. Fazia-o agora na frente da esposa para deixar claro que ela estava ciente e concordava com suas decisões.

— Tudo bem, primo, mas faço questão de que essa ajuda seja pelo menor tempo possível. Assim que eu começar a receber salário, nós voltaremos a falar sobre isso, está bem?

Romualdo sorriu largamente e, convidando Aurélio para brindarem com uma dose de aguardente, bradou entusiasmado:

— Tudo certo, meu primo, mas não tenha pressa alguma. É maravilhoso estar em família e eu tenho certeza de que essas duas — apontou com o queixo para Iolanda e Carlinda — vão se entender muito bem.

Enquanto os adultos conversavam animadamente na copa, Cibele, apesar da timidez, dirigiu-se para a sala onde os primos estavam vendo TV, sentados no tapete felpudo e macio que cobria o piso, e sentou-se próximo a eles.

Levi, o caçula, era um ano mais novo que ela. Era um menino calado, introspectivo e bastante educado. Já o Alessandro, que tinha dezessete anos, era o oposto do irmão. Falador, indiscreto e altamente vaidoso. Assim que viu Cibele entrar na sala, flechou-a com um olhar de desdém, reparou na roupa surrada que ela usava, nos cabelos malcuidados, e sapecou sem compaixão:

— Credo, eu não sabia que tinha uma prima tão caipira, meu Deus!

As orelhas da menina queimaram, seu rosto corou de indignação e ela se sentiu tremendamente humilhada.

Percebendo a reação incômoda provocada pelo irmão, Levi lançou para ele um olhar repreensivo e, apoiando a mão no ombro da prima, falou carinhosamente:

— Não liga para as coisas que esse tolo fala, Cibele.

Alessandro se ergueu e deu um cascudo na cabeça do irmão, enquanto o provocava:

— Tolo é você, seu cabeçudo.

Deu uma gargalhada e deixou o cômodo.

Capítulo 11

Nova vida

"A abnegação e o devotamento são uma prece contínua e encerram um ensinamento profundo. A sabedoria humana reside nessas duas palavras."

O Evangelho segundo o Espiritismo – capítulo 6 – item 8

Alguns dias depois, Aurélio já estava empregado na mesma empresa em que Romualdo trabalhava. A posição de comando que o primo exercia e a consideração que os patrões tinham por ele ajudaram bastante.

Como Romualdo havia dito, realmente a demanda de mão de obra especializada na construção civil era imensa em São Paulo. Na época, a cidade crescia vertiginosamente, chegando a quintuplicar a sua população em poucas décadas, consolidando a posição de cidade mais populosa do Brasil e se posicionando entre as cinco maiores metrópoles do planeta.

Por outro lado, a quantidade de trabalhadores qualificados era bastante exígua. Diariamente chegavam homens de todos os estados brasileiros em busca de emprego, mas muitos deles, além de analfabetos, apresentavam dificuldade de aprendizado, outros eram preguiçosos ou irresponsáveis. Desse modo, era comum que os que demonstrassem responsabilidade, disposição e capacidade de aprender, acabassem treinados nos próprios canteiros de obras.

No Caso de Aurélio, somava-se às qualificações exigidas pelos empregadores o fato de ter sido indicado por um dos funcionários mais conceituados da firma. E ele não decepcionou a ninguém; pelo contrário, superou todas as expectativas em um período tão curto de tempo, dando conta de suas atribuições com tanta competência e tamanho rigor, que o terceiro pagamento recebido já foi engrossado por um aumento significativo, sem que houvesse pedido qualquer coisa.

Na verdade, o valor do salário inicial já era considerado por ele como satisfatório. Ao receber o holerite com o aumento, Aurélio chegou a pensar que alguém houvesse se enganado e consultou Romualdo sobre a possibilidade de devolver a diferença à tesouraria.

— Você está louco, primo? — o outro perguntou gargalhando. — Se você fizer isso, esse povo vai querer lhe internar num manicômio. Guarde seu dinheiro e fique quieto. Aliás, daqui uns tempos nós vamos é pedir mais um aumentozinho aí pra você.

Aurélio olhava para o primo e sentia gratidão pelo modo carinhoso como era tratado por ele. Os dois tinham crescido juntos na Fazenda Velha, compartilhando as aventuras de meninos da roça, criando um forte laço de companheirismo que jamais se enfraquecera.

No início da juventude, Romualdo decidiu abandonar a vida no interior e buscar um futuro mais promissor no sudeste do Brasil. Aurélio, que àquelas alturas já estava comprometido com Iolanda, preferiu não se arriscar.

O reencontro entre os primos só voltou a ocorrer quase uma década mais tarde, quando Romualdo, já estabelecido em São Paulo e casado com Carlinda, decidira passar alguns dias de suas férias no interior da Bahia, matando saudades da infância que ali tivera. Depois disso passou a fazer a viagem anualmente.

Entretanto, a esposa nunca o acompanhava naquelas viagens. Ela era abertamente avessa à vida no interior e fazia caretas de nojo quando o marido a convidava para viajarem juntos.

— Fazer o que naquele fim de mundo? — Carlinda falava contrariada. — Comer poeira, dividir espaço com animais emporcalhados, ouvir asneiras de caipiras e levar picadas de mosquito? Não, obrigada! Prefiro ficar aqui mesmo no meu conforto.

Agora, convivendo mais estreitamente com o primo, e sendo tão ajudado por ele, Aurélio percebia o quanto havia de amizade sincera no coração daquele dedicado companheiro.

A vida seguia em ritmo acelerado na capital paulista. Cibele foi matriculada no mesmo colégio onde os primos estudavam e, mesmo sendo um pouco mais velha, acabou indo parar na mesma sala do Levi, já que seus estudos estavam atrasados.

No fundo, ela adorou que isso houvesse acontecido, pois desse modo não se sentia tão desamparada diante dos conceitos nem sempre afetuosos e simpáticos dos colegas de classe.

Ela desenvolveu um carinho especial por aquele primo. Às vezes ficava observando-o e notava nele alguns traços fisionômicos e atitudes que a faziam lembrar-se de Fernando. Desse modo, o afeto que sentia pelo Levi aumentava cada vez mais e era retribuído pelo menino.

Já em relação ao Alessandro a situação era bem diferente. Cibele passou a evitá-lo depois do comentário agressivo que ele havia feito sobre ela. Alessandro tinha um tipo de vida não muito legal e vivia envolvido com pessoas afins. Ainda na adolescência já fumava, bebia às escondidas e estava sempre se divertindo em humilhar os outros.

Ele tinha vergonha de dizer que havia algum tipo de parentesco entre a sua família e a menina interiorana que acabara de ingressar na escola. Um dia, um dos colegas que tinha o mesmo tipo de comportamento discriminatório, vendo que Cibele e Levi estavam sempre juntos, perguntou:

— Alessandro, aquela garota esquisita que fica sempre com o seu irmão é parente de vocês?

Primeiramente ele fingiu não saber de quem se tratava. Depois de o colega haver explicado em detalhes de quem estava falando, Alessandro respondeu com um ar de indiferença:

— Ah, aquela coisinha ali? Ela é filha dos inquilinos que moram nos fundos do nosso quintal. Gente da roça, sem eira nem beira, que o meu pai está ajudando a se estabelecer por aqui.

Capítulo 12

Aprendendo e crescendo

"Obreiros, traçai o vosso sulco; recomeçai no dia seguinte o afanoso labor da véspera; o trabalho das vossas mãos vos fornece aos corpos o pão terrestre."

O Evangelho segundo o Espiritismo – capítulo 6 – item 6

Iolanda andava inquieta. Num dia em que estava na casa de Carlinda, ela disse:

— Ah, prima! A vida da minha família melhorou muito desde que nos mudamos para cá e nós devemos tudo isso a você e ao Romualdo. Vocês foram e estão sendo maravilhosos conosco, mas...

Como ela fizesse uma breve interrupção, Carlinda perguntou com ar brincalhão:

— Mas o que, Iolanda? O que mais você quer? Desembucha logo, mulher!

Iolanda suspirou fundo ao explicar:

— Acontece que eu estou ficando louca com esta vida ociosa. Nunca fiquei tanto tempo sem fazer nada.

— Ah, me perdoe — desculpou-se a prima. — Preciso levá-la para passear nos shoppings, tomar chá com as minhas amigas, ir comigo ao salão de cabeleireiro para dar uma melhorada no seu visual...

— Não é nada disso — respondeu Iolanda. — Não tenho a menor vontade de ir a esses lugares nem de conhecer essas pessoas ou melhorar minha aparência. Estou precisando é de trabalhar. Fico olhando para a minha máquina de costura abandonada lá no canto do quarto e me bate uma aflição imensa.

— Ah, então é isso? Bem... Gosto é gosto e não se discute — ironizou Carlinda. — Cada um usa o tempo como achar melhor. Se é trabalho que você quer, nós podemos resolver isso agora mesmo.

Assim dizendo, fez uma rápida ligação telefônica e disse, ao desligar o aparelho:

— Esteja pronta amanhã às noves horas, pois vou apresentá-la a uma grande amiga, que certamente vai lhe arranjar trabalho.

No dia seguinte, as duas adentraram um galpão onde funcionava uma indústria de confecção de roupas. Iolanda ficou admirada ao ver o grande movimento que ali se operava e foi apresentada a uma senhora elegantemente vestida, que era a proprietária da empresa.

— Dona Valentina, esta é a parente de quem lhe falei e que está procurando trabalho de costura para fazer — disse Carlinda.

Depois de cumprimentar Iolanda com efusiva simpatia, a empresária disse:

— Carlinda me disse que você possui máquina de costura, é isso mesmo?

— Sim, senhora. Eu costurava bastante lá na Bahia.

— Ótimo! Nesse caso, nós vamos submetê-la a um teste. Se você passar, poderá prestar serviços para nós, está bem?

— Por mim está ótimo — Iolanda respondeu, sem ao menos ter noção sobre que tipo de teste teria de fazer.

Valentina falou ao interfone e logo uma funcionária adentrou o escritório com uma pequena sacola. A empresária espalhou alguns cortes de blusas femininas sobre a mesa, com uma peça já pronta, e explicou:

— Você vai costurar e arrematar estas blusas de acordo com este modelo. Dependendo da qualidade do trabalho, nós poderemos contratá-la e pagaremos por produção.

Iolanda saiu dali ansiosa para chegar logo em casa e colocar mãos a obra. No dia seguinte, retornou sozinha à confecção e entregou as peças prontas para Valentina que, depois de uma minuciosa inspeção, falou sorrindo:

— Você é realmente uma ótima costureira. Seu acabamento ficou melhor do que o do modelo que lhe enviei como amostra.

Iolanda sorriu um pouco encabulada ao dizer:

— Obrigada, dona Valentina! Quer dizer que vou trabalhar para a senhora?

— Vai, sim. Deixe seu endereço anotado que o motorista irá mais tarde levar os cortes à sua casa.

Iolanda trabalhou arduamente durante uma semana, quando o motorista da confecção passou para recolher as peças prontas. Ouvindo a buzina da Kombi ao portão, ela colocou as blusas em duas sacolas e foi ao encontro do funcionário da empresa.

Lá chegando, viu que Valentina estava junto com o motorista e olhava espantada para as duas sacolas que ela transportava.

— Bom dia, dona Valentina! A senhora está bem?

— Estou ótima, Iolanda, bom dia! Onde está o restante das peças?

— Ah, estão esperando costura — Iolanda respondeu bem humorada.

Valentina a encarou franzindo a testa e disse:

— É sério isso? Você só conseguiu fazer essa quantidade?

Só então Iolanda percebeu que havia dado uma mancada.

— Mas, dona Valentina, eu trabalhei feito louca para conseguir costurar estas blusas. A senhora acha pouco?

— Iolanda, isso aí é muito menos do que eu preciso que faça. Aliás, nem a mais lerda das minhas costureiras produz tão pouco assim. Se você está dizendo que trabalhou tanto, deve haver algo de errado. Posso dar uma olhada em sua máquina de costura?

— Sim, senhora. Só vou lhe pedir que não repare a desarrumação da casa...

— Fique tranquila. Não vou bisbilhotar sua casa. Só quero ver a sua máquina de costura.

Ao adentrar o quarto onde Iolanda costurava, Valentina levou as duas mãos à boca num gesto de incredulidade e, mesmo tentando se conter, começou a rir.

Sem compreender o que estava se passando, Iolanda ficou olhando para ela com um ar apatetado. Até finalmente perguntar:

— Dona Valentina, o que a senhora está achando tão engraçado?

A empresária conteve o riso e falou olhando-a ternamente:

— Ah, Iolanda, me perdoe! Estou retirando tudo o que disse sobre a sua pouca produtividade. Aliás, olhando para essa máquina tão antiga, de pedal, eu sou obrigada a admitir que você fez um verdadeiro milagre nesses poucos dias. Confesso que se fosse eu não teria feito nem a quarta parte do que você fez.

— Como assim, dona Valentina? O que há de errado com a minha máquina?

— Você verá o que há de errado com ela, Iolanda. Apenas me responda uma pergunta: você quer mesmo costurar para mim?

— Sim! Eu quero muito.

— Então aguarde um pouco. Em uma hora estarei de volta.

Valentina foi embora deixando Iolanda intrigada com aquela conversa. Uma hora depois, a empresária estava de volta com dois funcionários carregando uma máquina de costura de última geração.

— Isto aqui é uma ferramenta de verdade — disse a dona da confecção, assim que o funcionário instalou a máquina, deixando-a pronta para ser usada. — Vou deixá-la aqui como empréstimo e, se futuramente quiser comprá-la, farei um bom preço e um parcelamento em suaves prestações, para que você possa pagar com o próprio trabalho.

Iolanda, que acompanhara tudo em silêncio até então, e que parecia não acreditar no que estava acontecendo, falou por fim:

— Dona Valentina, eu estou acostumada a trabalhar com a minha máquina velha, não sei se vou conseguir costurar nesta...

— Ninguém nasce sabendo de tudo — respondeu Valentina, sempre sorridente. — Até para as coisas mais básicas, como comer e andar, é necessário aprendizado, não é? Pois eu vou ensiná-la a usar a máquina e você verá que não é nenhum bicho de sete cabeças.

E Valentina, pedindo ao empregado que voltasse para buscá-la ao fim do dia, passou a tarde ensinando Iolanda a costurar na máquina nova. O aprendizado foi absorvido sem muita dificuldade, até porque Iolanda, que já tinha bastante experiência na profissão, precisou apenas aprender a operar a nova ferramenta.

Capítulo 13

Estranho pedido

"Vive o homem incessantemente em busca da felicidade, que também incessantemente lhe foge, porque felicidade sem mescla não se encontra na Terra."

O Evangelho segundo o Espiritismo – capítulo 5 – item 23

Tudo estava fluindo de modo satisfatório. Aurélio, Iolanda e Cibele iam aos poucos se adaptando à nova realidade. A menina havia recuperado o tempo perdido nos estudos e seguia firme na escola.

Aurélio tornara-se um profissional competente, responsável e bastante elogiado pela chefia, que já cogitava a possibilidade de colocá-lo num cargo de comando em um novo empreendimento a ser iniciado mais à frente.

Iolanda, que acabara mesmo comprando a nova máquina de costura, estava produzindo cada vez mais peças, tendo se tornado uma das mais importantes fornecedoras de serviços para Valentina. Desse modo, a situação financeira da família começava a se estabilizar.

Cada vez mais unidos, os primos faziam juntos o trajeto de casa para o trabalho e vice-versa, já que Romualdo possuía o veículo e os dois dividiam a despesa com o combustível.

Aurélio e Iolanda passaram também a contribuir com um valor mensal como pagamento de aluguel do imóvel e partilha das contas de água e energia elétrica, sendo que essa última havia aumentado um pouco depois que a máquina de costura fora instalada na casa dos fundos. Por esse motivo, eles faziam questão de pagar quase que integralmente a conta de luz, e a relação entre as duas famílias era bem tranquila.

Porém um detalhe que não passou despercebido foi que, às sextas-feiras, Romualdo não ia direto do trabalho para casa, ocasiões em que Aurélio usava o transporte público na volta, sem jamais haver tomado a iniciativa de perguntar ao primo para onde ele ia naquelas noites.

Mas houve um dia em que, durante o trajeto do trabalho para casa, enquanto dirigia, foi o próprio Romualdo que tocou no assunto, ao fazer um intrigante pedido:

— Aurélio, eu estou precisando de um grande favor seu.

— Sério? Poxa, primo, eu nem faço ideia do que seja, mas já vou dizendo que pode contar comigo. Afinal, devo muitos favores a você.

O outro sorriu satisfeito com a resposta e disse:

— Bem... Eu vou precisar que você vá comigo a um determinado lugar nesta sexta-feira, depois do expediente.

— Ora, eu não vejo nenhum problema, desde que não seja para assaltar um banco — Aurélio respondeu rindo.

Romualdo deu uma gargalhada e disse:

— Que é isso, primo? Por que eu faria uma coisa dessas? Ah, mas tem outro detalhe: você vai precisar dizer à Iolanda que nós estaremos fazendo horas extras no trabalho.

— Romualdo, eu nunca menti para a minha mulher. Por que iria fazer isso agora?

— Pela nossa amizade, ora! Pela consideração que temos um ao outro. Além disso, é só uma mentirinha sem importância, para que nossas esposas não fiquem preocupadas achando que estamos fazendo coisas erradas por aí.

— Quer dizer que você tem mentido para a Carlinda quando chega mais tarde em casa?

— Isso mesmo. O problema é que ela está ficando desconfiada e andou me perguntando por qual motivo eu fico no trabalho até mais tarde e você não. Tenho inventado umas histórias, dizendo que era pelo fato de você ser novato na empresa, mas ela está acreditando cada vez menos em minhas palavras. Mas se você chegar em casa junto comigo, minha mulher vai deixar de duvidar de mim.

Aurélio pensou longamente antes de responder com cautela:

— Primo, eu devo muito a você e, por gratidão a tudo o que tem feito por mim e minha família, não vou lhe negar esse pedido. Mas não posso deixar de alertá-lo sobre o risco de andar fazendo coisas erradas. Você tem uma família maravilhosa e não deveria...

— Não deveria o que, primo? Do que você está falando? Aliás, nós podemos ter visões diferentes sobre o que é certo e o que é errado, não podemos? Há homens que nasceram para a vida doméstica, para se submeterem ao cabresto do casamento, e que se contentam em dormir com a mesma mulher a vida toda. Outros, não. Há homens que são os "puladores de cerca", que não se consideram mortos apenas pelo motivo de estarem casados. O que me diz sobre isso?

— Bem, eu não me importo de pertencer ao primeiro grupo e não me sinto rebaixado por isso. Por outro lado, não me sinto também no direito de fazer julgamento de valores contra quem age de modo diferente...

— Então por que está julgando as minhas ações?

— Não estou julgando, primo, apenas aconselhando. Mas está certo. Quem sou eu para aconselhar um homem experiente como você, não é?

Romualdo abriu um largo sorriso e falou dando uns tapinhas no joelho do primo:

— Quer dizer então que eu posso contar com você?

E Aurélio respondeu demonstrando certa contrariedade:

— Como eu disse, primo, devo-lhe muitos favores e não vou deixá-lo na mão. Mas não conte muito comigo para essas suas puladas de cerca, já que eu não tenho a menor vocação para isso e, desculpe a sinceridade, não as vejo com bons olhos.

O silêncio que se seguiu acabou selando o acordo entre eles. A diferença era que, enquanto um sorria satisfeito, o outro se preocupava.

Capítulo 14

Adultério

"Malgrado as vicissitudes que formam o cortejo inevitável da vida terrena, poderia o homem, pelo menos, gozar de relativa felicidade, se não a procurasse nas coisas perecíveis e sujeitas às mesmas vicissitudes, isto é, nos gozos materiais em vez de procurá-la nos gozos da alma."

O Evangelho segundo o Espiritismo – capítulo 5 – item 23

Na sexta-feira, depois do expediente, Romualdo fez um trajeto que Aurélio desconhecia e, depois de meia hora, estacionou em frente a um galpão com muitas luzes em neon na fachada.

No interior do estabelecimento havia um salão mal iluminado, muitas mesas e cadeiras e uma pista de dança. Como era por volta de dezoito horas, o movimento estava ainda fraco e algumas mulheres bem jovens conversavam animadamente ao som de uma vitrola.

Mal os primos entraram e sentaram-se, uma jovem, aparentando ter uns vinte e cinco anos e de uma beleza estonteante, usando um vestido curto bem ajustado ao corpo, sentou-se no colo de Romualdo e o beijou demoradamente na boca, para espanto de Aurélio.

— Ai, Rominho! Que saudade, meu amor — ela disse com uma voz dengosa e provocante.

Aurélio ficou extremamente constrangido, mas Romualdo não deu a mínima.

— Grace, este é o meu primo Aurélio. É a primeira vez que ele vem aqui.

— Oh, muito prazer, Aurélio. Seja bem-vindo à nossa humilde casinha — a moça falou com voz melodiosa.

A um sinal dela, um garçom se aproximou e serviu bebidas para os dois. Aurélio não estava muito disposto a beber, mas concluiu que, para permanecer naquele ambiente, seria preciso relaxar, pois se encontrava bastante tenso, constrangido e deslocado ali.

Logo, uma jovem também muito bonita, bem maquiada e usando roupas sensuais se aproximou e enlaçou o pescoço dele, dizendo:

— Oi, meu lindinho! Que tal nos divertirmos um pouco? — e cochichou-lhe ao ouvido: — Eu tenho um quartinho aconchegante lá nos fundos, com um chuveiro quente e uma cama bem macia e perfumada. Que tal?

Aurélio retirou delicadamente a mão da moça de seu pescoço e justificou-se:

— Desculpe-me, senhorita, mas isso não vai acontecer. Eu só estou acompanhando o meu primo. Muito agradecido!

Nesse momento, Romualdo lançou para ele um olhar de censura.

— Deixe de bobagem, primo. Acompanhe a moça. Ah, e não se preocupe, pois toda a despesa da noite será por minha conta.

Este comentário deixou a jovem ainda mais animada e ela insistiu:

— Vamos, meu querido! Eu garanto que você não vai se arrepender.

Aurélio olhou seriamente para ela, depois para o primo e meneou negativamente a cabeça ao dizer com firmeza:

— Por favor, não insistam. Eu já disse que não estou a fim.

Romualdo deu de ombros e voltou a beijar Grace. A outra moça fez um ar de deboche e se afastou em direção ao grupo de mulheres que estava próximo à pista de dança. Falou alguma coisa a elas apontando com o queixo para Aurélio e provocou uma estrondosa gargalhada.

Depois de tomar alguns drinques, Romualdo se deixou arrastar por Grace, dançou um pouco com ela e os dois desapareceram, só reaparecendo quase duas horas mais tarde.

Acostumado a dormir cedo, Aurélio decidiu esperar o primo dentro do veículo, onde acabou pegando no sono. Por sorte tivera a ideia de pedir que a chave do carro ficasse com ele.

Naquela noite, Aurélio chegou em casa bem mais tarde do que de costume. Iolanda, notando que ele estava esquisito, comentou:

— Minha nossa! Como você está abatido, meu bem. Trabalhou tanto assim?

— O problema não foi o trabalho — ele respondeu visivelmente contrariado. — Mas uma birosca na qual o Romualdo cismou de passar antes de virmos para casa. Acabei bebendo mais do que devia e estou caindo de sono.

Iolanda se aproximou, acariciou o rosto dele e disse sorrindo:

— A vida não é só trabalho, meu querido. Não há nada demais em sair de vez em quando e divertir-se um pouco com o seu primo. Vocês se dão tão bem e é natural que passem algum tempo juntos fora do ambiente profissional.

Aurélio silenciou e tratou de tomar um banho antes de ir para a cama, pensando que se Iolanda soubesse o que havia por trás das diversões do cunhado, não as acharia tão naturais assim.

Capítulo 15

Paixão desenfreada

"O aguilhão da consciência, guardião da probidade interior, o adverte e sustenta; mas, muitas vezes, mostra-se impotente diante dos sofismas da paixão."

O Evangelho segundo o Espiritismo – capítulo 17 – item 1

Enquanto tomava banho, Aurélio se recordava da história que o primo contara durante o percurso para casa. Um pouco embriagado e bastante falador, Romualdo contou que estava se relacionando com Grace há quase dois anos e narrou resumidamente a história de vida daquela moça.

— Você acredita que, apesar de tão jovem, ela é a dona daquele lugar? — revelou com entusiasmo. — Grace tinha acabado de completar vinte anos quando a tia, que era a fundadora do bordel, sofreu um derrame cerebral e morreu poucos meses depois, deixando o estabelecimento como herança para a sobrinha predileta, que fora praticamente criada por ela.

Disse que a Grace era muito apegada à cafetina com quem já vivia desde a adolescência e que prometera manter o comércio funcionando exatamente como era, ou seja, acolhendo as moças que não sabiam – ou não queriam – fazer outra coisa na vida e que precisavam de uma renda, já que algumas tinham filhos para sustentar.

A ex-proprietária do bordel dizia que se não fossem lugares como aquele, as meninas seriam obrigadas a exercer a profissão nas ruas, sujeitando-se à violência ou a serem exploradas por oportunistas inescrupulosos. E esse argumento convenceu Grace de que o que fazia ali era uma espécie de caridade.

— E como vocês se conheceram? — Aurélio perguntou mais para espantar o sono do que propriamente por curiosidade.

— Ah, você não vai acreditar, primo, mas, por incrível que pareça, não foi no bordel. Eu a conheci de uma forma inusitada.

E Romualdo contou que numa tarde chuvosa em que retornava para casa depois de um dia de trabalho, quase atropelou uma moça que estava atravessando a rua, atrapalhada com um guarda-chuva e algumas sacolas.

Ele precisou frear bruscamente para evitar o acidente, nisso a jovem se assustou e deixou as sacolas caírem. Romualdo a ajudou a recolher as compras que haviam se espalhado pelo chão e, como pedido de desculpa, ofereceu carona a ela, até porque, com a queda, as sacolas se rasgaram e ficaram imprestáveis.

Grace aceitou a oferta e ele a deixou em frente ao estabelecimento, achando que ali fosse apenas um bar. Depois de ajudá-la a guardar as compras, a moça o convidou para tomar um drinque.

— É o mínimo que posso lhe oferecer, depois dos dois favores que me fez — ela disse abrindo um sorriso que o deixou extasiado.

— Dois favores? — Romualdo perguntou curioso, com os olhos mergulhados no olhar sedutor que ela lançava para ele.

— Isso mesmo. O de não ter me matado atropelada e o de ter me dado carona.

Enquanto bebiam, Romualdo olhou para o grande salão, que estava totalmente vazio àquela hora, e perguntou:

— Desculpe-me a curiosidade, mas você trabalha aqui? Afinal você tem a chave, já que abriu a porta quando chegamos.

— Sim — ela disse reforçando a resposta com um aceno de cabeça. — Sou uma espécie de gerente daqui.

— E o que funciona exatamente neste lugar? Um bar, restaurante ou algo assim?

Grace sorriu meneando levemente a cabeça.

— Por que você não volta mais tarde para descobrir? Dentro de uma hora as portas estarão abertas ao público.

E a conversa terminou aí. Romualdo foi para casa e não conseguiu mais tirar a imagem da moça de seu pensamento. A partir daquele dia, Grace se tornou uma espécie de assombração que o assediava dia e noite, inclusive em meio aos sonhos.

Uma semana depois, não resistindo mais ao desejo de reencontrar a jovem que quase atropelara, Romualdo decidiu voltar ao estabelecimento. Foi a primeira vez que inventou a história de que ia fazer horas extras e foi também a primeira vez que se relacionou intimamente com a moça.

Ficou decepcionado ao saber o tipo de vida que ela levava, mas Grace lhe garantiu que, desde que herdara o bordel, passara apenas a administrar o estabelecimento. Disse que ganhava o bastante para não precisar se envolver mais com os clientes e que só havia cedido aos encantos dele por se tratar de um homem bonito, inteligente e carinhoso; atributos raros de se encontrar na maioria dos homens que conhecia. Romualdo era uns dez anos mais velho que Grace, mas era mesmo um homem de boa aparência.

Ao longo da relação, à medida que os encontros foram ocorrendo, os dois acabaram se tornando cada vez mais íntimos. Romualdo contou tudo sobre sua vida, inclusive o fato de ser casado e pai de dois filhos. Disse que o casamento estava desgastado e que quase não se relacionava mais com a esposa.

Grace se mostrou encantada com o amante e passou a chamá-lo delicadamente de Rominho. Quando Romualdo demonstrava algum ciúme em relação à vida da moça, ela voltava a jurar que vivia apenas da renda auferida no comércio e no percentual cobrado nas atividades das mulheres que ali atuavam.

Havia entre ambos uma espécie de acordo nunca firmado, mas respeitado, e que os levava a silenciarem suas angústias. Grace nunca acreditou que o lar de Romualdo fosse o ambiente estéril e insosso que ele dizia ser. E ele, embora corroído pelo tormento de saber que a mulher amada poderia estar mentindo ao dizer que havia abandonado a prostituição, preferia não alimentar essa desconfiança, pois somente desse modo conseguiria manter o coração relativamente em paz e viver com intensidade as aventuras das sextas-feiras.

Entretanto, sendo o ciúme um dos maiores propulsores das inquietações humanas, uma vez que é nutrido pela paixão cega ou por interesses menores, e não pela placidez do amor verdadeiro, os dois amantes viviam como dois cegos à beira de um abismo, sem saber em que momento exato seriam tragados para as suas trevosas profundezas.

Em duas oportunidades, com Romualdo desejoso de ficar ao lado da amante por um tempo mais prolongado do que as poucas horas em que se viam semanalmente, levou-a para a cidade litorânea do Guarujá, onde passaram o fim de semana. Ele justificara essas viagens alegando motivos profissionais e Carlinda jamais suspeitou de que o marido estivesse mentindo.

Quanto à jovem, que nunca havia se ausentado do bordel, deixou-o naquelas ocasiões sob o comando da funcionária mais antiga e de um homenzarrão chamado Dionísio. Esse homem vivera maritalmente com a tia de Grace por longos anos e há muito tempo prestava serviços de segurança ao estabelecimento.

Os dias de folguedo no litoral, que foram curtidos com intensidade, estreitaram ainda mais os laços afetivos dos amantes. Pela primeira vez Romualdo considerou a possibilidade de pôr fim ao casamento e assumir a relação com Grace.

Entretanto, não teve coragem suficiente para tocar no assunto com a jovem que, possivelmente percebeu suas intenções, mas também evitou encorajá-lo. A verdade é que nenhum dos dois estava seguro o bastante para tomar uma atitude que traria muitos contratempos e radicais mudanças às suas vidas.

Capítulo 16

A moça do sobrado

"A perfeição está toda, como disse o Cristo, na prática da caridade absoluta; os deveres da caridade alcançam todas as posições sociais, desde o menor até o maior."

O Evangelho segundo o Espiritismo – capítulo 17 – item 10

No ano seguinte, Cibele foi transferida para outra escola, deixando de frequentar o colégio onde os primos estudavam. Lamentou a perda da companhia amistosa de Levi, mas, por outro lado, adorou não precisar mais ter de conviver com o chato do Alessandro no ambiente escolar. A nova escola ficava um pouco mais distante da anterior e ela fazia o percurso a pé, retornando para casa por volta de dezessete horas.

Em uma das ruas por onde Cibele passava havia umas residências antigas, algumas delas abandonadas e deterioradas pela intempérie. Uma dessas moradias era um sobradinho colonial cercado por um quintal arborizado e aparentemente sem moradores, pois a grama que permeava as árvores estava bastante alta, dando a entender que há muito tempo não era aparada. O interior da residência podia ser visto pela alta grade de ferro que contornava toda a sua extensão.

Cibele não tinha o hábito de ficar prestando atenção a detalhes, pois sua mente estava sempre ocupada com as lições escolares e as nostálgicas lembranças do passado. Entretanto, não se recordava de ter visto a porta ou as janelas daquele sobrado abertas em nenhum momento, e também nunca tinha visto qualquer pessoa entrando ou saindo pelo grande portão que dava acesso à rua.

Mas houve uma tarde em que, ao passar pela calçada, de volta para casa, ela se deparou com uma jovem olhando-a através da grade que cercava o quintal da residência. Tinha os cabelos ruivos, presos com uma fita azul no alto da cabeça, a pele extremamente clara, salpicada de pequenas sardas, e os olhos verdes claríssimos.

Vendo-a, a mocinha abriu um sorriso lindo, expondo seus dentes brancos e miúdos, e falou com voz triste:

— Olá, eu sou a Bianca. Podemos conversar?

Cibele sentiu-se atraída por aquela linda jovem que lhe despertou também a curiosidade.

— Olá, Bianca, eu sou a Cibele — ela respondeu sorrindo. — Você mora nesta casa?

A moça acenou positivamente com a cabeça.

— E as outras pessoas que moram aí? — Cibele perguntou. — Onde estão elas?

— Eu moro com os meus pais. Eles saíram, mas não devem demorar. Você não quer ficar comigo enquanto eles não voltam?

Cibele avaliou a situação, considerando a possibilidade de fazer companhia à Bianca, afinal, estava a apenas dois quarteirões de casa. Julgou que àquela hora a mãe deveria estar entretida com a costura e não iria se preocupar por causa de alguns minutos de atraso.

Percebendo que ela estava indecisa, Bianca, com um semblante apelativo, implorou:

— Por favor, Cibele, fique comigo.

— Está bem, mas por pouco tempo.

A mocinha abriu um sorriso largo e acenou efusivamente com a cabeça, em sinal de concordância.

— Mas como vou entrar aí? — Cibele indagou. — O portão deve estar trancado e a grade é muito alta para pular...

— Não tem como você entrar — a outra respondeu ainda mais triste.

— Está bem. Então eu vou ficar deste lado mesmo. O que você gostaria de fazer?

— Hum... Deixe-me pensar... Ah, já sei! Vamos jogar as cinco pedrinhas, que tal?

— Ótimo — Cibele falou abaixando-se e juntando umas pedrinhas que tinham ali próximo.

E a duas, de cócoras, uma do lado de dentro e a outra de fora do portão, ficaram brincando através da grade por cerca de quinze minutos, até que Cibele se levantou e disse:

— Bianca, eu vou ter de ir embora, se não minha mãe vai ficar preocupada comigo. Infelizmente seus pais estão demorando muito e eu não vou poder esperar que eles cheguem.

— Tudo bem — a moça respondeu erguendo-se também e desamassando o vestido com a palma das mãos. — Eu já estou acostumada a ficar sozinha mesmo.

Ela disse isso com um tom de voz tão melancólico que abalou o amoroso coração de Cibele. A menina pensou na possibilidade de ficar um pouco mais, porém estava preocupada com o horário. Deu alguns passos, olhou para trás e lá estava Bianca, com sua carinha triste, dando adeus.

A partir daquele dia, sempre que passava em frente ao sobrado, Cibele parava e ficava tentando rever Bianca, mas ela simplesmente desapareceu. O estado de abandono da residência continuava o mesmo: a grama alta, o portão enferrujado, portas e janelas fechadas...

E o fato de não poder mais falar com a moça a deixava triste; uma tristeza semelhante à que sentira quando Fernando morreu. Ela se perguntava se não deveria ter ficado um pouco mais ali naquela tarde. Começava a achar que algo ruim poderia ter acontecido a Bianca, depois de tê-la deixado. Novas inquietações vinham despertar velhos fantasmas e reabrir antigas feridas em suas lembranças.

Capítulo 17

A decisão

"A quem, então, há de o homem responsabilizar por todas essas aflições, senão a si mesmo? O homem, pois, em grande número de casos, é o causador de seus próprios infortúnios."

O Evangelho segundo o Espiritismo – capítulo 5 – item 4

A vida seguia seu curso normalmente. A única situação que não estava indo muito bem era o fato de Romualdo continuar chegando tarde às sextas-feiras. Aurélio seguia aconselhando-o a parar com aquela vida dupla, a valorizar sua família e se livrar das ilusões do mundo.

— Aurélio, não se trata de uma ilusão — ele disse num dia em que o primo lhe dera mais um conselho para abandonar aquela vida. — A Grace é a melhor coisa que aconteceu em minha vida e, para ser sincero, eu não saberia mais como viver sem ela. A Grace é muito importante para mim.

— Mais do que a mãe dos seus filhos? — Aurélio perguntou seriamente.

— Ah, primo, a Carlinda foi o meu grande amor do passado. Mas depois de quase vinte anos de casado, e com dois filhos em casa, nossa relação anda mais fria do que um iceberg. A Grace é diferente, ela é o meu amor do presente; amor que trouxe um novo alento à minha vida e me faz sentir revigorado.

— Então por que você não se separa da Carlinda e assume a relação com essa moça? Pelo menos não estaria traindo ninguém e daria à sua esposa a oportunidade de também refazer a vida dela.

Essa observação inquietou Romualdo, que tinha um jeito machista de encarar as coisas. Ele precisou fazer um esforço imenso para não perder a paciência ao responder:

— Não vou deixar minha família, Aurélio. Essa possibilidade não existe. Meu lar é meu porto seguro.

— Pois pense bem, primo — Aurélio disse encarando-o e erguendo as sobrancelhas. — Talvez você esteja agindo egoisticamente e correndo o risco de perder a "praia" e o "porto".

— Prefiro não pensar nessas coisas e viver o momento atual — Romualdo respondeu tentando demonstrar convicção. — Já que você gosta de metáforas, vou lhe explicar a minha situação usando uma linguagem figurativa: veja, se minha vida fosse uma árvore, a Carlinda seria a raiz e a Grace as flores, entende? Uma árvore precisa da solidez da raiz, mas não é completa sem a beleza e o perfume das flores.

E Aurélio, vendo que o primo estava refratário a conselhos, apenas pensou: "Pois, em época de fortes temporais, até as árvores mais frondosas são arrancadas com raízes, flores e tudo".

Apesar de todos os conselhos, Romualdo não conseguia se afastar de sua amante e continuava a frequentar o bordel, às sextas-feiras. Para não desapontá-lo e ao mesmo tempo não ter de acompanhá-lo àquele lugar, Aurélio passou a fazer horas extras no trabalho. Desse modo, os dois acabavam sempre chegando em casa no mesmo horário, mas por razões bem diferentes.

De tanto Aurélio conversar com Romualdo e expor os problemas que o adultério poderia trazer à sua vida, uma lenta assimilação começou a se operar no coração dele.

Porém, em meio àquela frágil iniciativa, era a dúvida que se sobressaía. Romualdo ficava cada vez mais perdido, sem concluir se seria a solidez das raízes ou a exuberância das flores que lhe garantiria mais vantagens no tempo futuro.

Houve uma manhã, depois de ter passado a noite sonhando com uma vida feliz e prazerosa ao lado de Grace, em que Romualdo tomou a importante decisão de ter uma conversa franca com a amante. Dependendo do que ouvisse da moça, iria se separar da esposa e assumir a relação com ela.

Era uma quarta-feira, mas ele decidiu não esperar até a sexta, pois estava entusiasmado demais para perder mais tempo. No trajeto de ida ao trabalho, avisou Aurélio que os dois não voltariam juntos ao fim do expediente e explicou a razão:

— Primo, andei pensando muito sobre o que você tem me falado e resolvi tomar uma atitude definitiva em minha vida. Você está coberto de razão quando diz que não há mais como ficar postergando essa delicada situação em que vivo.

Bastante discreto, Aurélio não perguntou o que ele pretendia fazer. Apenas torceu para que o primo tomasse a decisão mais acertada e desejou-lhe boa sorte.

Capítulo 18

Decepção

"Quantos se arruínam por falta de ordem, de perseverança, pelo mau proceder, ou por não terem sabido limitar seus desejos."

O Evangelho segundo o Espiritismo – capítulo 5 – item 4

No fim da tarde, Romualdo dirigiu-se ao bordel. Trabalhara com a cabeça nas nuvens naquele dia, refletira bastante e agora estava ainda mais convencido sobre qual decisão tomar.

A paixão que nutria por Grace era forte demais para ser ignorada. Iria propor a ela que deixasse aquela vida e fosse viver com ele. Se a jovem estivesse sendo sincera quando dizia que o amava e que lhe era fiel, haveria de aceitar a proposta com alegria.

Nesse caso, Romualdo pensava em abrir o coração com Carlinda; explicaria que não fora nada premeditado, que Grace havia aparecido em sua vida de modo fortuito, e convenceria a esposa de que a separação consensual seria a melhor saída para todos.

Quanto aos meninos, certamente eles iriam se revoltar, mas com o tempo entenderiam as razões do pai. Mesmo que demorasse um pouco, um dia eles seriam adultos também e poderiam passar por situação semelhante. Aí, finalmente haveriam de perceber que estar casado com uma pessoa e se apaixonar por outra não é nenhum absurdo, pensava Romualdo.

Enquanto dirigia, ia formulando as palavras que pretendia dizer à amante. Imaginava-a chorando de emoção, enlaçando-o pelo pescoço, dizendo entre suspiros que havia esperado muito por aquele momento e prometendo que a partir de então os dois teriam uma vida de plena felicidade.

Romualdo estava tão entusiasmado que até se esqueceu de que não era sexta-feira e que Grace não esperava encontrá-lo naquele dia.

Chegando ao destino, quis deixar seu carro no estacionamento privativo, que ficava em frente ao estabelecimento, mas viu que todas as vagas estavam ocupadas. Então estacionou o veículo do outro lado da rua e deteve os passos quando estava atravessando, pois avistou um casal saindo do interior do bordel.

Usando roupas íntimas, cobertas apenas por um penhoar transparente, a moça acompanhou o homem até o estacionamento. Iluminada somente pela luz neón, a entrada do bordel ficava na penumbra, de modo que não dava para ver claramente quem era a moça, embora Romualdo já tivesse quase certeza de ser Grace.

Antes que o homem entrasse no carro, o casal se beijou demoradamente e ele disse, antes de dar partida:

— Até quarta-feira, meu benzinho.

Nesse momento, os faróis do veículo foram acesos e o coração de Romualdo entrou em ritmo descompassado quando teve a confirmação, pela súbita claridade, de que era mesmo sua amante que ali estava.

Ela acenou sorrindo para o cliente, atirou beijos e respondeu com voz melodiosa antes de voltar ao interior do bordel:

— Venha sim, meu amor. Estarei te esperando como sempre.

Escondido atrás de um poste, Romualdo tremia da cabeça aos pés como se estivesse com uma febre muito alta. Seu coração estava estilhaçado diante do que acabara de presenciar.

Seus pensamentos estavam confusos e ele, em um movimento quase involuntário, deixou-se comandar pelos joelhos que se dobraram, ficando de cócoras, com os olhos fechados e as mãos tapando os ouvidos, como se quisessem apagar o que tinha visto e ouvido.

Um turbilhão de maus pensamentos lhe passou pela cabeça. Inicialmente, pensou em ir atrás da amante e esmurrá-la até a morte. Depois, um pouco mais calmo, refletiu sobre a loucura que estaria fazendo. Talvez fosse melhor procurá-la apenas para pôr fim ao relacionamento, de forma racional, civilizada.

Entretanto, essa ideia encontrava obstáculos: Romualdo não tinha certeza de que teria autocontrole suficiente para uma conversa branda depois do que acabara de descobrir.

Grace havia mentido descaradamente nas diversas ocasiões em que fora questionada por ele. Com certeza o homem de quem fora se despedir no estacionamento não era o único. Talvez houvesse um amante para cada dia da semana, ele pensava cada vez mais irritado.

A jovem nunca lhe pedia dinheiro, mas quase sempre se queixava de estar passando por algumas dificuldades financeiras, induzindo-o sutilmente a fazer generosos "empréstimos" que nunca eram pagos. Agora Romualdo chegava à conclusão de que Grace não havia abandonado o ofício de antes, como lhe garantira tantas vezes, mas que apenas o exercia de um modo mais discreto, dissimulado.

E tudo aquilo fez despertar um ciúme tão desenfreado que não o permitia acalmar as ideias. Ele ficou naquela ridícula posição, acocorado atrás do poste, feito uma criança perdida, sem decidir se entrava ou ia embora.

Às vezes ameaçava levantar-se e ir atrás de Grace, mas o medo de se deparar com uma situação ainda mais comprometedora ou de perder as estribeiras e cometer uma loucura o refreava.

Somente depois de uma hora, ele se levantou e caminhou lentamente, feito um sonâmbulo. Entrou em seu carro, deu a partida e seguiu para casa em baixíssima velocidade, pois não tinha a menor pressa de chegar.

Capítulo 19

Dorvalina

"Um sentimento de piedade deve sempre animar o coração dos que se reúnem sob as vistas do Senhor e imploram a assistência dos bons Espíritos."

O Evangelho segundo o Espiritismo – capítulo 17 – item 10

Cibele continuava pensando em Bianca, observando quando passava em frente ao velho sobrado, entristecida por não haver mais encontrado a mocinha nem alguém que pudesse informar sobre o paradeiro dela.

Um dia em que estava parada defronte à residência, uma senhorinha se aproximou e perguntou se ela estava precisando de ajuda. Era uma mulher pequenina, de cabelos grisalhos contrastando com a pele escura, e aparentava ter uns setenta anos de idade ou mais.

— Queria saber sobre a Bianca, uma moça que mora nesta casa — Cibele respondeu desanimada. — A senhora conhece os moradores daqui?

Por alguns segundos a idosa fixou os olhos opacos na menina. Depois respondeu com um sotaque roceiro que fez Cibele se lembrar dos antigos moradores da Fazenda Velha.

— Não tem mais ninguém morando aí não, minha *fia*.

— Quer dizer que foram embora e levaram a Bianca junto?

A senhorinha voltou a encarar Cibele e coçou o queixo ao indagar:

— A menina tem uns minutinhos pra *conversá*?

Cibele acenou positivamente, entendendo que ela saberia lhe informar sobre o paradeiro de Bianca.

— Então vamos ali na minha casinha. Não vai *demorá nadica*.

Dizendo isto, a idosa já foi se encaminhando para uma trilha transversal àquela rua e que levava a um grande terreno tomado pelo mato e no qual tinham sido erguidos alguns casebres.

Algum tempo depois, esse terreno quase baldio seria loteado, os invasores acabariam expulsos e a área passaria a ser mais um populoso bairro paulistano. Mas na época em que Cibele o conheceu era apenas uma área desleixada, que fora ocupada irregularmente por pessoas pobres, que não tinham onde morar.

Cibele nem sabia ao certo porque estava seguindo aquela senhorinha. Apesar de se portar de modo tão natural e educado, era uma estranha e ela deveria estar desconfiada. Entretanto, era como se uma força maior comandasse suas ações, levando-a a confiar na idosa.

As duas caminharam por alguns minutos, atravessaram um portãozinho de madeira, meio apodrecido, adentraram o quintal e seguiram por uma estreita vereda que cortava a vegetação formada principalmente por samambaias e mamoneiros, até chegarem ao quintal de um casebre de estuque.

Um cachorrinho surgiu latindo, saltitando e abanando o rabinho.

— Esse aí é o Valente — disse a idosa, estalando os dedos para o animalzinho, que ficou esfregando o dorso nas perninhas finas de sua tutora. — Ah, e eu sou a Dorvalina, minha *fia.* Nem tive a compostura de me *apresentá.*

— Muito prazer, dona Dorvalina. Meu nome é Cibele — a menina respondeu amigavelmente.

— Ah, pois muito bem — a mulher disse abrindo a porta do casebre com uma chave exageradamente grande. — Vamos entrando, minha *fia.*

Cibele entrou cautelosa, perguntando-se àquelas alturas se estava mesmo fazendo a coisa certa.

Como se tivesse ouvido os seus pensamentos, Dorvalina disse:

— Não precisa ter medo não, menina. Eu moro sozinha aqui. Quer *dizê*, moro com Deus Nosso Sinhô e com esse cachorrinho aí, que não para de fazer festa desde que você *botô* os pés no *quintá.* O bichinho gostou mesmo de você, hehehehehe...

Cibele acabou rindo junto com ela e o pouco receio que havia sentido se evaporou. Na verdade, a presença daquela mulher despertava uma sensação muito agradável em seu coração. Era como se estivesse conversando com uma velha conhecida. Sentia paz naquele ambiente tão simples e acolhedor.

O interior da casinha era aconchegante e muito asseado. Na pequena sala havia dois banquinhos de madeira sobre as quais elas se sentaram.

Depois de fitar Cibele novamente com seus olhos baços, Dorvalina perguntou:

— Por que você tá querendo *sabê* da mocinha Bianca?

— É que eu moro há pouco tempo aqui e passo todos os dias naquela rua para ir à escola — Cibele explicou. — Na semana passada, a Bianca estava muito triste e me pediu para brincar com ela. Ficamos juntas por um tempinho, mas eu precisei ir embora e depois disso não voltei a vê-la.

De olhos fechados, ouvindo-a com atenção, a resposta de Dorvalina foi apenas uma interjeição:

— Hummmm...

Então Cibele prosseguiu:

— É por isso que eu gostaria de saber do paradeiro dela. Estou preocupada, achando que pode ter acontecido alguma coisa ruim com a Bianca. Por acaso, a senhora a conhece?

Desta vez, Dorvalina suspirou fundo, abriu os olhos lentamente e respondeu encarando-a:

— Minha *fia*, o que você tá dizendo é muito esquisito, mas eu acredito que é a mais pura verdade.

A menina franziu a testa e a encarou de volta.

— Esquisito? Verdade? Como assim, dona Dorvalina? Do que a senhora está falando?

— Calma, *fia*. Eu vou lhe *explicá*. Essa menina que você tá falando morreu faz três anos. Ela morava mesmo naquele sobrado, era *fia* única e o xodozinho dos pais dela. Um dia, a pobrezinha caiu doente, *tadinha*! Uma doença muito grave que num pôde ser tratada nem pelos doutores da terra, nem pelos anjos do céu. Depois de oito meses de sofrimento pra pobrezinha e pros pais dela, a Bianquinha finalmente *descansô*. Os pais ficaram tão arreliados que não quiseram nem *ficá* mais no Brasil e se mudaram pra bem longe. Dizem que foram *vivê* noutro país.

Ouvindo aquilo, Cibele ficou completamente arrepiada. Seus pensamentos se confundiram e ela se lembrou dos encontros que tivera com Fernando depois de seu afogamento. Mil perguntas lhe passaram pela cabeça: haveria alguma relação entre aqueles estranhos encontros? E por qual razão eles aconteciam? Seria ela uma pessoa anormal?

Capítulo 20

Tarefas socorristas

"A perfeição está toda, como disse o Cristo, na prática da caridade absoluta; os deveres da caridade alcançam todas as posições sociais, desde o menor até o maior.

O Evangelho segundo o Espiritismo – capítulo 17 – item 10

Ali no silêncio do casebre, ouvindo apenas a respiração ofegante do Valente que, com a língua saltada para fora da boca, havia se deitado sobre os pés de sua tutora depois da agitada recepção, Cibele não conseguiu evitar de fazer uma pergunta que se manifestou quase que involuntariamente:

— Dona Dorvalina, a senhora acha que eu sou louca?

— De jeito nenhum — respondeu a idosa, com um sorriso cheio de ternura. — Porque, si você *fô* doida, eu também *sô*, uai.

— Quer dizer que a senhora...

— Isso mesmo, minha *fia*. Eu também converso com "gente morta". Isso não é doidice; não tem nada demais. Se a Bianca *falô* com você é porque tá na hora de *esclarecê* as coisas pra pobrezinha *podê encontrá* a luz.

— Mas esclarecer como? Eu não sei onde ela está...

— Pois eu lhe digo que a menina tá aqui bem pertinho e nós vamos *ajudá* ela. Fique calma, pense em Nosso Sinhô Jesus Cristo, que só vai *levá* uns minutinhos.

Dorvalina fechou os olhos e deu início a uma prece que parecia mesmo um diálogo com Jesus. Era como se o Cristo estivesse ali, ao lado dela. Nessa prece, a idosa pediu à espiritualidade que auxiliasse Bianca, que a orientasse e conduzisse para o bom caminho.

De repente, Cibele viu a mocinha ruiva diante de si. Bianca não estava mais com o semblante triste como da vez anterior e sorria com ternura quando disse:

— Obrigada por se preocupar comigo, Cibele! Graças à sua ajuda, estou indo para um lugar maravilhoso.

Só então a menina percebeu que uma entidade iluminada, à semelhança desses anjos expostos em esculturas nas igrejas, estava de mãos dadas com Bianca.

O pequenino casebre de Dorvalina parecia um lugar bem maior e estava completamente iluminado. Naquele momento, Cibele voltou a experimentar a mesma sensação de paz que sentira quando reencontrou o irmão à beira do rio.

Tudo isso aconteceu em questão de minutos, mas foi tão intenso que Cibele perdeu a noção de tempo. Estava ainda naquele estado de êxtase quando Dorvalina acariciou sua face e disse:

— Agora é *melhó* ir-se embora, minha *fia*. Sua mãezinha deve de tá preocupada com você.

Dorvalina se tornou uma presença importante na vida de Cibele, que comentou sobre ela com a mãe, pedindo para visitá-la de vez em quando.

— Minha nossa, filha! Se você gostou tanto dessa senhorinha, será bom mesmo que passe algum tempo com ela.

— Ah, mamãe, dona Dorvalina é uma pessoa incrível! Eu me senti tão bem na casinha dela.

— Se isso lhe faz bem, quem sou eu para proibir de ir vê-la? Só não se demore muito nessas visitas, está bem?

Cibele passou a visitar Dorvalina quase todos os dias e a idosa começou a explicar como e porque aconteciam aqueles fenômenos com ela.

Com sua linguagem simples, mas cheia de experiência e sabedoria, falou sobre o intercâmbio entre os dois planos da vida, disse que muitas pessoas que deixam a vida física ficam confusas durante algum tempo e precisam de orientação para encontrar paz no plano espiritual.

— Foi isso que aconteceu com a Bianca? — Cibele perguntou.

— Isso mesmo, fia. E isso acontece demais. A pessoa que num sabe que a vida continua do lado de lá, costuma *ficá* presa aqui, sem *sabê* que rumo tomá.

Por isso que nós precisamos *ajudá* esses irmãozinhos a *achá* o rumo certo. A *encontrá* a luz e *sossegá* no mundo de lá até o dia que tiverem de *voltá* de novo pro mundo de cá.

Quanto mais as duas conversavam, mais a menina ia aprendendo sobre as aparentes anomalias existentes em sua vida. Além das orientações de Dorvalina, ocorria também o despertamento da própria bagagem existencial de Cibele.

Conforme explicado anteriormente, ela era possuidora de faculdades mediúnicas desde eras remotas e, intimamente, sabia como utilizar esses recursos com lucidez e responsabilidade. Na penúltima reencarnação, havia se dedicado ao trabalho de caridade juntamente com Fernando, que fora seu pai biológico naquela ocasião.

Cibele só não havia alcançado ainda melhores condições morais por ter usado os recursos mediúnicos de modo equivocado em algumas oportunidades, deixando que a vaidade e o egoísmo comandassem parte de suas ações. Esses deslizes atrapalharam bastante a sua evolução.

Agora estava mais amadurecida em decorrência dos contratempos da vida. O sofrimento pelo desencarne prematuro do irmão tivera também o propósito de ajudá-la neste processo de maturidade.

Finalmente, Cibele iniciava suas atividades caritativas de forma mais bem direcionada desta vez.

Dorvalina era mineira e, ainda mocinha, fora levada para São Paulo a fim de prestar serviços domésticos na casa do filho do fazendeiro que empregava seus pais em Minas Gerais. Depois dessa mudança, ela nunca mais teve a oportunidade de retornar ao ambiente familiar.

Tivera uma vida sacrificada, devotando à família do patrão uma fidelidade inabalável. Quando envelheceu e se tornou inapta para as tarefas domésticas, foi dispensada depois de conseguir, com a ajuda do patrão, uma minguada aposentadoria. Vivia solitariamente no casebre que, também com a ajuda do patrão, conseguira adquirir naquele terreno onde o futuro era incerto, já que se tratava de uma ocupação não oficializada.

Mas Dorvalina não era o tipo de pessoa que vive com os pés no presente e a cabeça no futuro ou no passado. Desapegada de valores mundanos, entregava-se às questões do dia a dia com serenidade, de modo pleno, sem se deixar abalar pelos contratempos cotidianos, atinentes à passagem pedagógica que os Espíritos enfrentam nos mundos expiatórios.

Era iletrada já que não tivera, na atual encarnação, os conhecimentos intelectuais das salas de aula, mas possuía uma sabedoria imensa e um coração cheio de ternura. Para Cibele, tornou-se uma orientadora magnífica, com a nobreza de seu senso de humildade, amor ao próximo e caridade, dizia:

— Você, minha *fia*, tem uma tarefa bonita e muito importante, pra *realizá*. Mas tudo tem de *sê* feito com o coração cheio de *amô*. Muito *amô*, minha *fia*. Muito *amô*!

E quando ela falava em amor, seus olhinhos cansados e turvos ganhavam vida nova e projetavam uma luminosidade incrível em todas as direções.

Em quase todos os encontros entre Dorvalina e Cibele, ocorriam fenômenos de socorro a Espíritos confusos e atordoados[1], como no caso de Bianca, que três anos depois de haver deixado o corpo físico, não havia assimilado ainda a condição de desencar-

[1] *O hábito de realizar sessões de socorro a desencarnados no ambiente doméstico, embora tenha sido usual em outras épocas, não é aconselhável. O ideal é que sejam feitas na Casa Espírita, sob a orientação de médiuns experientes e contando também com a proteção das entidades espirituais que se dedicam a essas tarefas. (NA)*

nada. Era por isso que, avessa à realidade, ela continuava presa ao ambiente doméstico onde dera os últimos suspiros.

A generosa e experiente idosa recebia Cibele, convidava-a para fazerem juntas uma prece e logo sua casinha ficava repleta de luz. Cada vez mais, Cibele conseguia ver as entidades translúcidas agindo em meio àquela claridade, quase sempre resgatando desencarnados de locais obscuros e os encaminhando para assistência e esclarecimentos em lugares destinados a esses procedimentos no plano espiritual.

Capítulo 21

Amizade e orientações

"Em tudo o que fizerdes, remontai à Fonte de todas as coisas, para que nenhuma de vossas ações deixe de ser purificada e santificada pela lembrança de Deus."

O Evangelho segundo o Espiritismo – capítulo 17 – item 10

Depois que Cibele se aproximou de Dorvalina, voltou a sonhar com o irmão. Inicialmente não ligou uma coisa à outra, mas com o passar do tempo, percebeu que havia mesmo essa relação. Ocorre que, com o desabrochar de suas faculdades mediúnicas, ela se tornou mais receptiva às sugestões de Fernando e os dois passaram a se encontrar mais frequentemente no plano espiritual.

Houve uma noite, logo no início desses encontros, em que Cibele levou um susto, pois havia dormido em sua cama e acordou em um jardim. Estava sentada num dos inúmeros bancos que se estendiam ao longo do gramado, sob árvores floridas, e Fernando estava ao seu lado.

— Meu Deus! O que estou fazendo neste lugar? — ela perguntou assombrada.

O irmão achou graça daquela reação e falou rindo:

— Calma, maninha! Você está aqui em Espírito, não em seu corpo físico.

— Ah, é verdade — ela disse rindo também. — Mas é meio confuso esse tipo de situação.

— Sim, porque é a sua essência que está aqui. O que ficou em sua cama, é só o corpo perecível.

— Mas este corpo com o qual estou interagindo com você é real também.

— Sim, ele é real. Mas embora sejam parecidos com os corpos de carne, esses com os quais interagimos no plano espiritual são feitos de matéria fluídica.

Por estar ainda bastante ligada à matéria densa do corpo carnal, Cibele se mostrava um pouco confusa, principalmente naqueles primeiros encontros com Fernando. Assim como ele, Cibele havia passado por uma quantidade imensa de reencarnações e sabia exatamente como se dá todo esse processo.

Ela sabia que para interagir no plano material, precisava de um corpo de carne e que, de volta ao plano espiritual, revestia-se do corpo fluídico. Entretanto, ali, naquele encontro astral, essas realidades lhe pareciam confusas demais para serem inteiramente compreendidas.

— Sossegue, maninha — Fernando disse sorrindo como sempre. — Você não precisa saber de tudo. Apenas procure prestar atenção às conversas que teremos aqui, pois, de volta ao corpo de carne, coisas importantes poderão ser esquecidas.

— Está bem, meu irmão! Mas, primeiro, deixe-me contar uma coisa bacana — ela falou com o entusiasmo de uma adolescente.

Fernando aquiesceu com um movimento de cabeça e então ela contou que havia conhecido uma senhora muito legal. Disse que coisas estranhas andavam acontecendo quando as duas se reuniam.

— Dona Dorvalina é uma pessoa muito especial — disse ele, depois de ouvi-la pacientemente.

— Você a conhece? — Cibele indagou surpresa.

— Sim. E como eu disse, ela é muito especial. Essas coisas que você chama de estranhas, são, na verdade, importantes tarefas de socorro a quem precisa de orientação e amparo.

— Ah, meu irmão, você não tem noção de como isso tem mexido com as minhas emoções.

Ele sorriu com ternura e falou:

— Sei sim, Cibele. Tenho acompanhado esses acontecimentos e consigo sentir as suas emoções. Estou muito feliz por vê-la colocando em prática os conhecimentos que possui e as faculdades mediúnicas em favor dos necessitados.

Ouvindo essas palavras, os olhos de Cibele se encheram de lágrimas. O irmão a puxou delicadamente para perto e a envolveu em um abraço carinhoso. Ela apoiou a cabeça no ombro dele e ficaram em silêncio, curtindo a energia boa que os envolvia. Depois Fernando a afastou um pouco para olhar em seus olhos e deu-lhe um importante recado:

— Cibele, você precisa se preparar, pois é possível que algumas coisas desagradáveis aconteçam e venham a exigir algumas iniciativas suas.

— Coisas desagradáveis? — ela indagou preocupada. — Do que você está falando, meu irmão?

— Calma, Cibele. Talvez nem aconteça nada. Só estou dizendo para você estar preparada, caso venha a acontecer algo.

— Ah, mas você não iria dizer isso se não houvesse motivo. É alguma coisa com o papai?

— Não, não é nada com ele.

— Ai, meu Deus! Então é com a mamãe...

— Também não é com ela, Cibele. Fique calma! Foi só um alerta, agora esqueça.

— Esquecer, Fernando? Você acha que é tão simples assim? Primeiro você me diz que vai acontecer algo muito sério, depois me diz para esquecer?

— Eu não afirmei que vai acontecer. Disse que pode ser que aconteça. Então, maninha, relaxe, está bem?

Fernando voltou a aconchegá-la em seus braços e Cibele ficou encolhidinha, desfrutando a paz daquele lugar tão harmonioso.

Ela não se deu conta do momento em que retornou ao corpo nem conseguiu se lembrar inteiramente do que tinha conversado com o irmão, mas ficou uma espécie de luzinha vermelha acesa em seu inconsciente, preparando-a, de algum modo, para as desagradáveis ocorrências que poderiam se concretizar no futuro.

Capítulo 22

Trágica consequência

"Pesquisai a origem desses acessos de demência passageira que vos assemelham ao bruto, fazendo-vos perder o sangue-frio e a razão; pesquisai e, quase sempre, deparareis com o orgulho ferido."

O Evangelho segundo o Espiritismo – capítulo 9 – item 9

Romualdo estava com o coração despedaçado. Por causa da decepção que tivera com Grace, tornou-se irritado no ambiente do lar, brigando com Carlinda e os filhos pelos motivos mais triviais. Além disso, como já tivesse propensão a consumir aguardente, aumentou em muito esse hábito, razão pela qual se tornara ainda mais irritadiço.

Na quinta-feira, seguindo para o trabalho, Romualdo permaneceu calado e o primo também não perguntou nada sobre o que havia acontecido na noite anterior. No retorno ao lar, foi a mesma coisa, um ficou calado e o outro respeitou o silêncio.

Na sexta-feira, como nada fora dito, Aurélio ficou no trabalho depois do expediente, como sempre fazia. Aliás, esse hábito, que havia surgido por causa das escapadelas do primo, acabou se tornando um ponto positivo para ele, pois as horas trabalhadas a mais acabavam gerando uma renda extra em seu holerite, o que era muito bom, pois ele e Iolanda estavam juntando economias com o intuito de adquirem uma casa.

Romualdo dirigiu-se ao bordel. Estava determinado a colocar as coisas em seus devidos lugares. Seguia arrastado por dois fortes sentimentos que se digladiavam em seu coração: a paixão avassaladora que não havia arrefecido apesar da decepção; e o ciúme doentio a projetar cenas desconfortáveis em seu campo mental, nas quais Grace aparecia se entregando a outros homens sem o menor pudor.

Ao entrar no estabelecimento, Romualdo foi acolhido com o carinho de sempre pela amante. Tentou retribuir, mas não conseguiu fingir por muito tempo. Passou a beber bem mais do que de costume, o que causou estranheza em Grace, que o chamou para conversarem reservadamente.

Quando entraram no quarto da jovem, Romualdo, que já estava bastante alterado pelo efeito do álcool, tornou-se colérico e começou a dizer palavras humilhantes a ela.

Inicialmente, Grace não entendeu nada e chegou a pensar que fosse uma brincadeira, mas, ao perceber que estava sendo realmente ofendida, exigiu uma explicação.

— Por que você está me tratando assim, Rominho? O que eu fiz de errado?

— Nunca mais me chame de Rominho — ele esbravejou com o dedo em riste, próximo ao rosto dela. — Você é uma despudorada, interesseira, traidora e mentirosa.

Grace espalmou as duas mãos em direção a ele, enquanto tentava manter as coisas sob controle.

— Calma, meu amor! Apenas me explique o que está acontecendo. Vamos conversar civilizadamente.

— Seu amor? — zombou Romualdo. — Eu e quem mais? Quantos "amores" você tem?

— Do que você está falando, homem de Deus? Pelo menos me explique.

— Estou falando de quarta-feira, está bem? Eu estava do outro lado da rua quando você foi levar o seu "outro amor" até o carro dele. Eu vi tudo.

— Ah, então é isso? É por causa disso que você está tão bravo? Pois fique sabendo que era apenas um cliente da casa, um amigo por quem tenho grande consideração...

— Amigo? Quer dizer que você costuma beijar seus amigos na boca e ficar trocando carícias com eles? Costuma recebê-los em trajes íntimos e dizer que os está esperando na próxima semana?

Quanto mais discutiam, mais Romualdo se irritava. Ele estava com a garrafa de alguma bebida alcoólica na mão e bebia no gargalo. Estava irreconhecível, completamente dominado pelo ciúme.

Grace percebeu que seria inútil continuar fingindo, então mudou de tática, tentando atribuir a culpa pelo ocorrido a ele próprio.

— Se você tivesse me assumido como sua mulher, nada disso aconteceria. Já parou para pensar que eu também sou o seu "outro amor"? Que a mulher que desfruta da sua companhia todos os dias, que dorme na sua cama, é a sua esposinha querida? Pensa que é fácil para mim ficar a semana inteira esperando por algumas horinhas da sua atenção? Pelas migalhas de carinho e de algum dinheiro que você me dá?

— Pois fique sabendo que o motivo de minha vinda aqui, na quarta-feira, era justamente para definir a nossa situação. Eu estava determinado a acabar com o meu casamento por sua causa... Mas esqueça! Chega dessa vida de ilusão. Chega de bancar o palhaço por causa de uma sem-vergonha.

Sentindo-se extremamente humilhada, Grace não deixou por menos. Avançou contra Romualdo e o esbofeteou no rosto, enquanto dizia com ódio:

— Suma daqui, seu maldito! Desapareça para sempre da minha vida!

Surpreendido pela agressividade da jovem, Romualdo deixou cair a garrafa que estava em sua mão e ela se despedaçou no piso do quarto, enquanto Grace continuava a esbofeteá-lo.

Para se livrar das agressões, ele a segurou pelos braços e empurrou com força. Tudo ocorreu em fração de segundos. A moça escorregou na bebida que havia derramado e caiu, batendo a cabeça no piso com tanta força, que perdeu os sentidos.

Para piorar a situação, a queda fora em cima dos cacos de vidro, e um deles provocou um profundo corte nas costas dela. Quando tudo silenciou, Romualdo, completamente atordoado, viu a mancha de sangue que se formava sob o corpo inerte de Grace e entrou em desespero.

Num primeiro momento pensou em ir correndo pedir ajuda. Depois foi envolvido por uma onda de terror e pensou no que poderia lhe acontecer. Se a moça estivesse morta, ele dificilmente sairia dali com vida, pois acabaria linchado pelos frequentadores do bordel.

Assim pensando, desistiu de tentar socorrê-la e saiu sorrateiramente do quarto, que ficava nos fundos do estabelecimento. Em vez de atravessar o salão, passou por um estreito corredor que havia na lateral do galpão e chegou ao estacionamento sem chamar a atenção de ninguém e sem ser importunado.

Trêmulo, agastado pelo álcool e pela dose extra de adrenalina que fora injetada em suas veias nos últimos minutos, deu partida no carro e seguiu para casa em alta velocidade.

Aquela foi uma das piores noites na vida de Romualdo. Ele ficou feito um zumbi, zanzando pela casa, sem conseguir sequer se manter na cama. Seus pensamentos estavam repletos de imagens negativas e a incerteza do futuro o deixava alucinado. Se Grace tivesse morrido, as consequências poderiam ser muito graves.

Carlinda percebeu a inquietação do marido e quis saber o que estava acontecendo, mas Romualdo desconversou, dizendo para ela dormir, que os problemas que o afligiam eram de ordem profissional.

Capítulo 23

A emboscada

"Ninguém tem o direito, em caso algum, de atentar contra a vida de seu semelhante: é um crime aos olhos de Deus, que vos traçou a linha de conduta que tendes de seguir."

O Evangelho segundo o Espiritismo – capítulo 12 – item 11

Aquele foi um fim de semana tenso para Romualdo. Ele estava querendo muito saber sobre o desfecho dos fatos ocorridos no bordel, mas jamais se atreveria a ir até lá. Andou folheando jornais e não encontrou uma só linha noticiando a ocorrência nas páginas policiais.

Às vezes se sentia um pouco aliviado, pensando que o fato de não ter havido repercussão do caso significava que a situação não fora tão grave. Outras vezes pensava que Grace poderia mesmo estar morta e essa ideia o apavorava.

Na segunda-feira, todos retomaram a rotina: Aurélio e Romualdo foram para o trabalho, Cibele e os primos voltaram às aulas, Iolanda seguiu firme com suas costuras e Carlinda foi ao encontro das amigas de sempre.

No canteiro de obras, Romualdo passou o dia todo sobressaltado, com a ideia fixa de que a qualquer momento poderia ter uma surpresa desagradável, mas o dia transcorreu sem nenhuma novidade.

Nos dias seguintes, ocorreu a mesma expectativa, mas nada de anormal aconteceu.

Na sexta-feira, na ida para o trabalho, Romualdo avisou Aurélio que não iria mais visitar a amante e que o primo não precisaria mais fazer horas extras ao fim do expediente. Falou que havia terminado com a moça e que iria se esforçar para manter uma vida digna ao lado da esposa e dos filhos a partir daquele momento.

Aurélio ficou muito feliz, parabenizou-o pela iniciativa, mas notou que o primo estava calado demais e com um semblante carrancudo, destoando do jeito bonachão e alegre que sempre tivera.

Três semanas depois do fatídico incidente no bordel, num sábado, durante o café da manhã, Carlinda falou para o marido:

— Romualdo, os meninos estão querendo assistir a um filme que estreia hoje no cinema, você pode levá-los?

Ele estava folheando o jornal e, sem tirar os olhos da leitura, respondeu:

— Sim, claro. É só dizer a hora que querem sair. Aliás, por que não convidam a Cibele também?

— O Levi já fez isso e ela aceitou. Os três irão juntos ver o filme.

Realmente, Cibele estava bastante entusiasmada naquele dia, pois iria pela primeira vez a um cinema. Havia se arrumado com capricho, usando um vestido branco que Iolanda fizera e perfumando-se discretamente.

Entretanto, quando ela e os primos já estavam entrando no veículo de Romualdo, a menina ouviu um ganido de dor e foi verificar do que se tratava. Caminhou alguns passos e viu um cãozinho encolhido, tremendo e gemendo baixinho, dentro de uma vala. Quando se aproximou, o animal ergueu os olhos e movimentou o rabinho, como se pedisse ajuda.

Só então Cibele o reconheceu e falou penalizada:

— Valente, o que aconteceu com você? Dona Dorvalina deve estar preocupada.

Sem pensar duas vezes, pegou o animalzinho no colo e correu para a casa da idosa. Dorvalina acolheu o Valente e ficou muito grata por Cibele tê-lo socorrido. Aparentemente o cãozinho havia sido atropelado, mas, por sorte, não havia nenhum ferimento grave, a não ser o fato de ter ficado atordoado, sem conseguir voltar para casa.

— Vou *cuidá* desse bichinho e daqui a pouco ele vai *ficá* bom de novo — ela disse, enquanto a menina fazia o caminho de volta correndo.

Quando Cibele retornou, o veículo de seu tio já estava em movimento.

— Vem logo, prima — gritou Levi.

— Com essa roupa toda suja? — repreendeu Alessandro. — Estão loucos?

Só então Cibele se deu conta de que seu vestido branco havia se sujado todo quando pegara o Valente no colo.

— Ah, é melhor vocês irem — ela falou um pouco triste. — Eu vou da próxima vez.

— Vá trocar de roupa que a gente espera — disse Romualdo.

Mas Alessandro praticamente gritou:

— Não vai dar tempo, pai. Nós estamos em cima da hora.

— Deixa, tio. Na próxima vez eu vou com vocês — Cibele falou colocando ponto final à conversa, enquanto adentrava o portão de acesso à casa dos fundos.

Pai e filhos se dirigiram para o cinema. Quando passavam por uma rua quase deserta, outro veículo aparelhou com o de Romualdo, dando a entender que o sujeito que estava no lado do carona fosse pedir uma informação.

Romualdo só percebeu que ele estava armado com um revólver quando já era tarde demais para tomar qualquer iniciativa de defesa. O primeiro disparo passou rente à sua cabeça e acertou em cheio no peito de Alessandro, que estava no banco da frente, ao lado do pai.

Então Romualdo virou as costas para o atirador com o intuito de mandar Levi – que estava no banco de trás – abaixar-se e, nesse momento, foi atingido na medula pelo segundo disparo. Outros tiros foram disparados e dois deles acertaram Levi.

Tudo isso aconteceu em poucos segundos e o veículo usado no ataque saiu em altíssima velocidade.

Socorridos alguns minutos depois do ataque, Romualdo e os filhos foram atendidos em um hospital, sendo que o estado mais grave era de Alessandro.

Carlinda estava em casa quando ligaram informando sobre a ocorrência policial. Aurélio e Iolanda deram um suporte muito importante para que ela enfrentasse aquele momento tão difícil.

Cibele sentiu um fortíssimo abalo emocional com aqueles acontecimentos e buscou refúgio na casinha de Dorvalina que, vendo-a aos prantos e totalmente fragilizada, abraçou-a e disse com profunda ternura e compaixão:

— Vem, minha *fia*. A *melhó* coisa a *fazê* nesses momentos é *rezá* e pedir a Deus nosso *sinhô* que segure nas nossas mãos.

Enquanto pai e filhos passavam por procedimentos cirúrgicos, a polícia investigava a ocorrência, mas praticamente não tinham pistas. Nenhuma testemunha fora encontrada e, como Romualdo aparentemente não possuía inimigos, foi descartada a possibilidade de crime por vingança. Assim, o caso passou a ser investigado como tentativa de latrocínio.

O ambiente se tornou muito ruim nas residências que as duas famílias ocupavam no mesmo terreno. Carlinda passava a maior parte do tempo no hospital e, nas poucas vezes que ia em casa, era apenas para tomar banho, trocar de roupa e alimentar-se minimamente, com umas sopinhas que Iolanda preparava, pois o abalo emocional fora tão intenso que ela não conseguia ingerir qualquer alimento sólido sem passar mal.

Aurélio teve de continuar trabalhando, mas Iolanda conversou com Valentina, explicou-lhe a gravidade do momento e tirou um tempo de folga para ficar ao lado de Carlinda. A proprietária da confecção não só a liberou do trabalho, como ofereceu ajuda em caso de necessidade.

Cinco dias depois daquela ocorrência, surgiu a triste notícia de que Alessandro não sobrevivera ao ferimento. O funeral de seu corpo foi o maior sofrimento experimentado por Carlinda até aquele momento de sua vida. Somado à morte do filho mais velho, havia ainda o fato de seu marido e de Levi permanecerem internados.

Uma semana depois, pelo menos uma boa notícia acabou amenizando um pouco a tristeza imensa que a subjugava: Levi recebeu alta e retornou para casa. Por sorte, os tiros que recebera não atingiram órgãos vitais. Fisicamente o menino estava bem, mas emocionalmente se encontrava muito abalado, tanto com o trauma do que vivenciara, quanto com a morte do irmão e a ausência do genitor, que seguia internado.

Cibele acompanhava tudo aquilo com o coração cheio de dor. Não conseguia compreender como a vida podia ser tão complicada, tão cheia de altos e baixos.

Às vezes, durante o sono de seu corpo físico, ela se encontrava com Fernando no plano espiritual e os dois conversavam bastante. Mas quando retornava ao corpo material e se via novamente cercada em tantas desventuras, grande parte do consolo auferido naqueles diálogos se evaporava.

Envolvida pelas preocupações cotidianas, fugia-lhe aos sentidos a percepção do amparo espiritual e uma onda incontrolável de angústias a subjugava, provocando-lhe um aperto imenso no peito, desânimo e profunda tristeza.

Cibele continuava buscando refúgio na casinha de Dorvalina e lá, em meio às preces feitas pela idosa e às energias benfazejas que envolviam o ambiente, encontrava um pouco de paz.

Entretanto, quando voltava para casa e se deparava com o ambiente lutuoso em que ele se tornara, era como se estivesse sendo atingida por milhões de espinhos ao mesmo tempo; aguilhões que a espetavam de dentro para fora, causando dores que não podiam ser abrandadas por nenhum procedimento exterior.

Algumas vezes, a tristeza era tamanha, que Cibele se trancava no banheiro apenas para externar seu sentimento por meio das lágrimas. Chorava incontidamente, deixando a água do chuveiro lavar o pranto que seus olhos vertiam. Era desse modo que conseguia abrandar um pouco a dor que lhe sufocava a alma.

Cada vez mais a menina comparava a vida ao leito de um rio; uma jornada repleta de instabilidades que se alternam com alguns períodos de remanso. E mesmo o remanso, muitas vezes, não passa de uma ilusão precária a reservar surpresas ainda mais desafiadoras um pouco mais à frente.

Somente três meses depois do ocorrido foi que Romualdo voltou para casa. Havia sobrevivido, mas estava paraplégico, condenado a passar o resto da vida em uma cadeira de rodas.

Embora desconfiado de que a emboscada que sofrera estava relacionada à confusão no bordel, não conseguia imaginar o que havia de fato por trás de toda aquela trama. Romualdo não fazia ideia de que um homem que ele mal conhecia tinha decidido não deixar aquela agressão passar impunemente. Tratava-se de Dionísio, o ex-companheiro da antiga dona daquele estabelecimento.

Capítulo 24

Dionísio

"O homem jamais deve esquecer que se acha num mundo inferior, ao qual somente as suas imperfeições o conservam preso."

O Evangelho segundo o Espiritismo – capítulo 5 – item 7

Se fosse para descrever em uma palavra o que movia o mundo do jovem Dionísio, esta seria "raiva". Ele dormia com raiva, acordava com raiva e com raiva passava todas as horas do dia. Até a comida que engolia descia com tanta raiva pela garganta, que de vez em quando costumava fazer o caminho de volta, recusando-se a ser digerida.

Dionísio tinha raiva do padrasto, que a seu ver era mandão e explorador; sentia raiva da mãe que, segundo suas concepções, mais parecia uma marionete manipulada pelo marido, e odiava as duas meias-irmãs, que no seu modo de pensar eram preguiçosas, falsas, cínicas e superprotegidas.

Dionísio vivia no interior do estado de São Paulo, num sítio que seu padrasto havia herdado dos pais. A propriedade era pequena demais para oferecer uma vida financeiramente confortável e grande demais para ser mantida, razão pela qual, desde o alvorecer até o momento em que se podia ver o brilho das estrelas espalhadas no céu, não havia um minuto sequer de descanso, principalmente para o rapaz que havia acabado de completar dezoito anos de idade.

Desde bem pequeno, Dionísio era acordado às cinco horas da manhã e, independentemente de estar chovendo ou geando, era obrigado a sair para o campo em busca das poucas reses que possuíam para conduzi-las ao curral. Depois arrebanhava os bezerros e ajudava o padrasto na ordenha do leite.

A partir daí, seguia-se uma invariável rotina de tarefas que não se acabava nunca: alimentar as galinhas e recolher os ovos, cuidar dos leitões, capinar, plantar ou colher as roças de milho e feijão, regar as hortas de legumes e verduras, roçar o pasto, consertar as cercas, cortar lenha, debulhar milho, coalhar o leite para o fabrico de queijo, pôr as vagens de feijão para secar e recolher antes de cair o sereno da tarde...

O rapaz se revoltava porque todos os trabalhos estafantes ficavam sob sua responsabilidade. O padrasto, alegando problemas de ordem respiratória – embora jamais deixasse de fumar o seu fedido cigarro de palha –, evitava fazer grandes esforços físicos. As irmãs, alguns anos mais jovens do que Dionísio, eram consideradas frágeis demais para ajudar naquelas tarefas. A mãe só fazia o que o marido ordenava e ele nunca a mandava ajudar o filho, exigindo apenas que a residência estivesse em ordem e a comida bem cozida e temperada.

Desse modo, Dionísio se via obrigado a executar todas as tarefas necessárias à manutenção do sítio e, à medida que se desenvolvia fisicamente, as responsabilidades só faziam aumentar. Por outro lado, a compensação financeira que deveria vir com o trabalho, não dava sinais de existir.

Dionísio sabia que o padrasto obtinha uma renda razoável, pois recebia um bom dinheiro a cada viagem de charrete que fazia quinzenalmente ao município do qual fazia parte aquela zona rural.

Bastante conhecido na região e possuidor de um dom natural para os negócios, ele vendia com facilidade tudo o que era produzido no sítio: queijo, ovos, frangos, leitões, frutas, legumes... Na verdade, a maioria daqueles produtos era encomendada na visita anterior, tanto por comerciantes quanto por moradores importantes como o prefeito, o delegado de polícia, o padre e os vereadores. Era só entregar as encomendas e receber o dinheiro, que normalmente já ficava reservado.

Porém, apesar de lucrar tanto à custa do suor do enteado, o padrasto quase não lhe dava coisa alguma. A única vez que lhe dera algum dinheiro, depois de muita relutância, foi porque o rapaz o perturbara durante dias, alegando a necessidade de comprar roupas e um calçado decente para usar nas poucas vezes que saía de casa.

Sempre que o interpelava, pedindo uma compensação financeira por seus trabalhos, a história era a mesma:

— Tenha paciência, rapaz — o sitiante dizia com um sorriso que, para Dionísio, era o retrato fiel da ironia. — As coisas estão difíceis, mas em breve vão melhorar e você receberá o que merece.

O jovem ouvia aquela lengalenga desde a adolescência e o tal momento breve em que a situação melhoraria nunca chegava. Então ele ficava intrigado, pensando no que o padrasto fazia com o dinheiro que arrecadava ao vender o que era produzido no sítio. À época, o hábito de utilizar contas bancárias era quase nulo.

Num dia em que o sitiante fora à cidade entregar os produtos, Dionísio decidiu tirar aquela história a limpo e esperou por seu retorno com ansiedade. Como sempre, o padrasto tinha saído com a charrete lotada e retornado com ela completamente vazia, carregando umas comprinhas que fizera no armazém e alguns mimos para as gêmeas, apenas para elas.

Procurando controlar a inquietação e fingindo uma normalidade que não existia naquele momento, Dionísio o ajudou a desencilhar o cavalo e guardar a charrete no galpão que usavam como depósito. Depois o rapaz disse que ia procurar um bezerro que, coincidentemente havia desaparecido no dia anterior, e caminhou em direção às pastagens.

Porém, assim que o padrasto entrou em casa, ele subiu em uma mangueira que havia perto do curral e que oferecia uma visão panorâmica do quintal da residência. Algo lhe dizia que, se houvesse um esconderijo para o dinheiro, este estaria do lado de fora, já que a casa, pequena e bastante simples, não oferecia lugares estratégicos para esse fim.

Protegido pelos galhos folhudos da árvore, Dionísio ficou observando a movimentação do padrasto. Cerca de meia hora depois, ele finalmente saiu da casa, olhou para todos os lados para se certificar de que não estava sendo vigiado e dirigiu-se a uma parte do quintal onde havia um abacateiro.

Ali, abaixou-se, moveu uma pedra que ficava colada ao tronco e cavou com as mãos, removendo a terra que já se encontrava solta. De onde Dionísio estava, não conseguia ver exatamente o que ele havia feito até o momento em que voltou a cobrir o buraco e a colocar a pedra no lugar.

Porém, o que o rapaz tinha conseguido observar já era o suficiente para tirar suas conclusões e, em função disso, estava bastante entusiasmado.

Capítulo 25

Provocação

"Pesquisai a origem desses acessos de demência passageira que vos assemelham ao bruto, fazendo-vos perder o sangue-frio e a razão; pesquisai e, quase sempre, deparareis com o orgulho ferido."

O Evangelho segundo o Espiritismo – capítulo 9 – item 9

Naquela noite, depois que todos pegaram no sono, Dionísio se levantou sorrateiramente e pulou a janela do quarto para não ter de atravessar o corredor que dava acesso à porta da cozinha, o que poderia despertar a atenção de alguém que estivesse com o sono leve.

Não precisou levar a lanterna, pois a lua cheia deixava a noite bem clara. Encaminhou-se até o abacateiro, afastou a pedra e, depois de retirar a terra solta do buraco, deparou-se com uma caixa de madeira que estava envolta em uma lona plástica, certamente para evitar a umidade do solo. Ao abrir a caixa, seus olhos brilharam de êxtase ao ver a grande quantia de dinheiro dentro dela.

O primeiro impulso que ele teve foi de se apoderar de parte do dinheiro, afinal, havia muito suor seu por trás daquela pequena fortuna. Sem pensar muito no que fazia, pegou algumas notas e voltou a enterrar a caixa, depois de envolvê-la cuidadosamente com o plástico, deixando-a do mesmo modo como tinha encontrado.

Enquanto se afastava, tomou o cuidado de apagar com um ramo os rastros deixados na poeira. Dionísio foi ao galpão, que era de taipa, arrancou um pedaço do reboco, enfiou as notas que havia pegado na caixa e voltou a colocar o reboco no lugar, criando ali um esconderijo perfeito.

Depois retornou ao quarto, pulando a janela para dentro. Estava numa grande inquietação, pensando nas coisas que podia fazer com todo o dinheiro que estava enterrado e que era para ele uma grande novidade.

Não sentia nenhum peso na consciência, pois estava convicto de haver tomado a iniciativa correta. Seu padrasto é que devia se sentir mal por explorá-lo daquele jeito, sem nunca o recompensar, e ainda ficar enterrando dinheiro. Ainda assim, Dionísio não conseguiu pegar no sono.

— Como é que alguém pode ser tão egoísta? — perguntava a si mesmo. — Não é capaz de pagar um centavo por todo o trabalho que tenho neste sítio, alegando que as coisas estão difíceis, e enterra naquele buraco o dinheiro que arrecada. Dinheiro que eu ajudo a ganhar, trabalhando tanto, embaixo de sol e chuva. Maldito sovina!

Era uma terça-feira. No fim daquela semana haveria uma festa religiosa em homenagem ao santo padroeiro da cidade. O evento era realizado anualmente e Dionísio sempre teve vontade de ir, mas o padrasto nunca autorizou. Quanto à mãe, ele nem perdia tempo pedindo a ela, pois a mulher não ousava contrariar o marido de jeito nenhum.

Naquele ano, em que Dionísio havia completado dezoito anos, seus hormônios clamavam pelos carinhos de uma mulher. Até então, ele não ousara dirigir o olhar a qualquer moça, até porque quase não havia tempo nem oportunidades para isso.

O único ensaio de flerte fora aos quinze anos, com a filha mais velha de um casal de andarilho que pedira pouso por uma noite e fora acomodado no galpão.

Era uma mocinha magrela, de olhos esbugalhados e cabeleira desgrenhada. Ainda assim, havia algo de atraente em seu rosto delgado, bem delineado, coisa que o cativou e o fez sonhar com ela algumas vezes.

No pouco tempo que estiveram próximos, Dionísio dirigiu-lhe alguns rápidos olhares que aparentemente foram correspondidos diante dos ingênuos arroubos afetivos que ele sentiu naquele momento.

Agora o rapazinho pensava na oportunidade que teria de conhecer alguém no baile da quermesse. Quem sabe não arranjaria ali uma namorada? Com o dinheiro que havia retirado do esconderijo, poderia, caso surgisse uma candidata, até oferecer-lhe alguns agrados. Ele sabia da história de casais que constituíram família e cujo namoro havia começado justamente na famosa festa do padroeiro.

Foi com esse pensamento que Dionísio arranjou coragem para falar com o padrasto. Ele precisava fazer um grande esforço para pedir qualquer coisa ao sitiante, pois uma força incrível o fazia recuar naqueles momentos.

Talvez fosse pelo fato de saber de antemão a imensa possibilidade de receber uma negativa, de perceber a má vontade que o padrasto tinha em satisfazer suas vontades.

Depois de ouvir o pedido do enteado, demonstrando a insatisfação de sempre, o sitiante respondeu:

— Tem muito serviço para ser feito aqui, rapaz. Você não pode sair batendo pernas por aí e me deixar cuidando de tudo sozinho.

— Mas pai — Dionísio o chamava de pai por imposição de sua mãe, mas odiava fazer aquilo e a palavra de uma única sílaba projetava-se de seus lábios parecendo ter o peso de uma bigorna —, eu vou sair no sábado à tardinha, depois que tiver terminado as minhas tarefas, e volto no domingo cedo. Chego a tempo de juntar as vacas no curral para a ordenha. Não vai atrapalhar em nada...

De cara emburrada, com o cigarro preso no canto da boca e sem olhar para Dionísio, ele levou um longo tempo para dizer:

— Depois a gente vê isso, rapaz.

Era sempre assim. Quando se tratava de um assunto que interessava ao enteado, ele dizia um sonoro não ou deixava para responder em outro momento. Ficava enrolando, deixando o tempo passar, e acabava fingindo ter se esquecido da conversa.

Na verdade, era uma forma de negar sem dizer abertamente que não o faria. E Dionísio não sabia distinguir qual dos dois comportamentos do padrasto o deixava mais irritado.

Dionísio deixou passarem-se dois dias e, na quinta-feira, voltou a tocar no assunto, sendo mais direto desta vez:

— E então, o senhor já decidiu se vou poder ir à quermesse?

Sem olhar para o rapaz e sem interromper o que estava fazendo, o sitiante respondeu:

— Se não vai atrapalhar no andamento dos trabalhos aqui, acho que você pode ir.

Dionísio ficou tão eufórico com aquela resposta que quase agradeceu, mas conseguiu se controlar a tempo.

Em função da ansiedade que o envolveu, nunca as horas se arrastaram tão lentamente como naqueles dois dias.

Quando chegou o sábado, já ao fim da tarde, vendo-o vestido com a melhor roupa que possuía e encilhando o cavalo, o padrasto perguntou:

— Para onde você está pensando que vai, rapaz?

— Vou ao baile da quermesse — Dionísio respondeu com a maior naturalidade.

O padrasto meneou a cabeça em negativa.

— E quem o autorizou?

— Pai... — o jovem falou suspirando profundamente. — Nós conversamos sobre isso. O senhor vai dizer que não se lembra?

— Lembro-me da conversa — o sitiante falou com ironia —, mas não de ter autorizado a sua ida.

— Mas qual é o problema? Terminei meus afazeres de hoje, amanhã vou estar aqui bem cedinho...

— Minha resposta continua sendo não.

— Mas por quê?

— Porque, se você for, vai passar a noite acordado e amanhã não vai dar conta do trabalho.

— Mas amanhã é domingo. O único trabalho que sou obrigado a fazer é recolher as vacas ao curral e ajudar na ordenha.

— Tem que tratar dos bichos também.

— Sim, eu sei, mas é trabalho fácil. Eu faço tudo isso até à hora do almoço e depois descanso um pouco, tiro um cochilo.

O padrasto o encarou muito seriamente, deu uma baforada em seu cigarro fedido e, lançando um rolo de fumaça no rosto do enteado, decretou:

— Está decidido. Vamos deixar o seu passeiozinho para a próxima quermesse. Guarde os arreios no paiol e solte o cavalo no pasto. Ah, e tira essa roupa colorida que está lhe fazendo parecer um palhaço — provocou o sitiante, dando uma gargalhada.

Capítulo 26

Plano macabro

"Todos vós tendes maus pendores a vencer, defeitos a corrigir, hábitos a modificar; todos tendes um fardo mais ou menos pesado a alijar, para poderdes galgar o cume da montanha do progresso."

O Evangelho segundo o Espiritismo – capítulo 10 – item 18

O sentimento que dominava a alma de Dionísio naquele momento era ódio. Teve vontade de partir para cima daquele homem e esganá-lo com as próprias mãos, mas lhe faltava coragem para isso. Embora sendo fisicamente maior e bem mais forte,

Dionísio o temia, pois o padrasto sempre exercera um forte domínio sobre ele, algo que começou na infância e que cresceu de modo irreversível com o passar do tempo.

Foram muitas as surras que Dionísio levou, muitas vezes sem ter feito nada de errado, apenas por ter sido acusado pelas meninas de ser o responsável por travessuras que elas próprias faziam.

Dionísio nunca viu o padrasto levantar a mão para corrigi-las, nem mesmo ralhar com elas. Mesmo quando não restavam dúvidas de que fora uma delas a praticar o delito, ele dizia que era por culpa do garoto, alegando que ele as influenciava negativamente. Desse modo, o castigo era sempre para ele.

Inicialmente, quando ainda sentia o afeto materno, Dionísio corria para os braços dela. Porém, com o passar do tempo e principalmente com o nascimento das meninas, o colo de sua mãe acabou se tornando um território proibido para o seu aconchego. O afeto da genitora não pertencia mais a ele, porém ao homem com quem se casara após enviuvar-se.

Dionísio tinha um ciúme doentio ao ver as meias-irmãs sendo cuidadas com tanto zelo ao mesmo tempo em que percebia o olhar, antes carinhoso, da mãe tornando-se cada vez mais frio e indiferente às suas carências.

O menino chorava, fingia estar doente, pedia colo e nada. Se insistisse, o padrasto lhe colocava apelidos desconcertantes, humilhava-o e, se o enteado não se comportasse como ele queria, levava violentas palmadas que deixavam marcas arroxeadas em sua pele.

O que deixava Dionísio mais triste, e provocava uma dor ainda mais aguda do que as agressões físicas, era a indiferença de sua mãe diante de tudo aquilo.

À medida que foi crescendo, as surras deixaram de se limitar às palmadas. O padrasto dizia que ele já estava grande o suficiente para aguentar castigos mais pesados e agora usava vara, chicote, cinto, porrete ou qualquer outra coisa que estivesse à mão para descontar nele as suas frustrações. E a frustração mais contundente era o ciúme de saber que Dionísio era filho do homem a quem havia pertencido o coração de sua mulher.

O comportamento do padrasto alimentava a revolta que diuturnamente habitava o coração de Dionísio. Mas o compartimento dedicado ao ódio no coração do rapaz transbordou naquele dia, provocando o despertar de uma criatura que ele próprio jamais imaginou existir em sua natureza.

As meias-irmãs, que tinham ouvido a provocação do pai, acotovelaram-se rindo, deixando Dionísio ainda mais revoltado. Seu ódio era direcionado a todos os membros daquela família, inclusive à mãe que ele tivera um dia, mas que há muitos anos não se comportava como tal.

E foi desse modo que ele começou, naquele momento, a arquitetar o plano de se libertar de toda aquela tirania, subjugação e humilhação. Mas não pretendia sair dali de mãos abanando, pois achava justo que houvesse alguma compensação por tudo que suportara.

No quintal, um pouco afastado da residência, havia uma casinhola que era usada como banheiro e que fora erguida sobre uma fossa bastante profunda e antiga. Dionísio sabia desse detalhe, porque ouvira o padrasto falar, em mais de uma ocasião, sobre os detalhes da construção, feita quando ele ainda era criança.

Quatro tábuas grossas, de madeira de lei, serviam como piso e eram encaixadas com perfeição sobre uma estrutura de concreto que anelava a circunferência da fossa. Ao centro, havia uma pequena abertura, sobre a qual um vaso sanitário fora encaixado.

Pensando na arapuca que aquela estrutura poderia representar, Dionísio teve o que julgou ser o plano perfeito para o que pretendia fazer. Ele sabia que o padrasto cumpria uma rotina imutável em todas as manhãs: depois de acordar o enteado e mandá-lo trabalhar, o sitiante dirigia-se à casinhola e era ali, sentado no vaso, que costumava enrolar e fumar o primeiro cigarro do dia.

Naquela mesma noite, com tudo planejado e o estado emocional ainda bastante abalado em decorrência do comportamento sarcástico do padrasto, Dionísio esperou todos dormirem, saltou novamente a janela de seu quarto e se dirigiu à casinhola.

Tomando o cuidado de não fazer muito barulho, retirou as tábuas do assoalho e as levou para bem longe, onde, usando um serrote, fez um profundo corte no sentido transversal de cada uma delas, mas não totalmente, mantendo uma pequena espessura de madeira.

Depois as levou de volta e, com bastante cuidado, encaixou as tábuas na mesma posição de antes, deixando o corte voltado para baixo, de modo que quem olhasse de cima não teria como perceber nenhuma anormalidade no assoalho. De resto foi só encaixar novamente o vaso sanitário no vão destinado a ele e estava tudo pronto.

O trabalho foi bastante demorado e quando Dionísio voltou para a cama faltava pouco tempo para o dia clarear. Porém ele não se sentia cansado nem sonolento, pois uma inquietação imensa tomava conta de sua alma e o mantinha bastante agitado.

Em nenhum momento o rapaz parou para refletir sobre as consequências do que fazia. Queria apenas que o plano funcionasse e pudesse desfrutar daquilo que julgava ser seu por direito: a liberdade para fazer o que quisesse da vida e o dinheiro que, em seu pensamento, pertencia muito mais a si do que ao padrasto.

Não demorou muito para que a voz rouca do sitiante, entrecortada por um pigarro irritativo, dissesse grosseiramente da porta do quarto:

— Acorda, rapaz. É hora de ir trabalhar.

Ouvindo o ruído da botina do homem, que se dirigia para a casinhola, Dionísio sentiu um frio na barriga, mas não estava arrependido, amedrontado ou coisa assim; estava eufórico, ansioso para que tudo aquilo acabasse logo.

Deixou a cama, vestiu-se e saiu para o campo, como sempre fazia.

Cerca de uma hora depois, já com as reses e os bezerros preparados para a ordenha, dirigiu-se à residência onde a mãe coava café e, mal contendo a ansiedade, perguntou:

— Mãe, cadê o pai?

Sem olhar para o filho, compenetrada em despejar a água fervente no coador, ela respondeu com outra pergunta:

— Ué, ele não está no curral?

— Não. Acabei de vir de lá e não vi ninguém.

— Que estranho. Ele tinha de estar no curral para ordenhar as vacas.

— Então... Foi por isso que vim aqui.

A mulher colocou a cabeça para fora da janela e começou a chamar pelo marido, mas não obteve reposta.

A essas alturas, o coração de Dionísio estava disparado. Certamente o plano havia dado certo. Excitado e satisfeito, ele perguntou à genitora:

— Mãe, será que ele está passando mal lá na casinha?

Finalmente ela olhou para o filho e respondeu com outra pergunta:

— Será possível?

Enxugou as mãos no avental e saiu correndo em direção à casinhola. Dionísio não a seguiu. Ficou esperando o desfecho da história até o momento em que ouviu os gritos desesperados de sua mãe.

— Dionísio, corre aqui! Ai, meu Deus do céu! O seu pai caiu no fosso.

Capítulo 27

Novos horizontes

"Afastai-vos de mim, vós, cujo coração destila ódio e fel, que derramais o sangue dos vossos irmãos em meu nome, que fazeis corram lágrimas, em vez de secá-las."

O Evangelho segundo o Espiritismo – capítulo 18 – item 9

Muitos anos depois daquele dia, Dionísio ainda se lembrava dos detalhes da ocorrência e do desespero no tom de voz de sua mãe. Ele era agora muito diferente do rapaz ingênuo e despreparado que suportava surras, exploração e humilhações, sem coragem para revidar à altura, apenas se envenenando com a peçonha da revolta reprimida, sem mover um músculo para a desforra.

O crime cometido no passado ficara impune, pois jamais fora descoberto. A morte do sitiante foi um evento muito comentado na região, mas ninguém duvidou de que tivesse sido acidental e ainda culpavam a própria vítima pelo ocorrido, dizendo que se ele cuidasse melhor da manutenção da casinhola, não estaria morto. Aliás, uma morte aviltante, afogado em toneladas de excrementos produzidos em dezenas de anos pelos próprios familiares.

— Foi bem feito para aquele preguiçoso — diziam alguns. — Ainda bem que o castigo recaiu sobre ele mesmo e não sobre a esposa ou um dos inocentes filhos, coitadinhos!

Mas Dionísio não estava preocupado com o que aquela gente pensava. E não ligava também para o sofrimento demonstrado pelas mulheres da casa. As lágrimas da viúva e das duas órfãs não lhe provocaram pesar nem remorso. No fundo, o que se manifestava em seu coração era uma inconfessável satisfação pela vingança perpetrada contra quem se mostrava tão mais poderoso do que ele.

Agora, no comando da família, poderia agir como bem quisesse, pois já não tinha dúvida sobre o que era capaz de fazer. Uma das alternativas seria ficar ali e transformar em um inferno a vida das fedelhas que tanto o perturbaram, contando sempre com a cumplicidade do pai e a anuência da mãe.

Entretanto, o que Dionísio queria mesmo era ter liberdade. Estava cansado daquela vida de sacrifícios, daquelas tarefas tão pesadas e intermináveis, das mãos calejadas e do corpo constantemente dolorido de tanto trabalhar.

Há tempos sonhava com a vida em uma grande cidade, que aparentemente tinha coisas bem melhores a oferecer. Agora, em posse do dinheiro que havia surrupiado do padrasto, poderia concretizar seus sonhos, ganhar novos horizontes.

E foi assim que, uma semana depois da morte do chefe da família, montado em seu cavalo e já pronto para partir, o jovem se despediu com frieza, indiferente ao apelo da genitora que implorava chorando:

— Meu filho, não vá embora, pelo amor de Deus! O que será da minha vida e dessas meninas sozinhas aqui? Quem vai cuidar do sítio?

— Arranje outro marido — ele respondeu secamente. — Quem já fez isso uma vez, pode fazer de novo. Ou então venda essa porcaria de sítio e refaça sua vida bem longe daqui. De minha parte, pouco importa o que façam.

— Mas, filho, eu tenho certeza de que você vai voltar. Vou ficar lhe esperando...

— Pois é melhor que espere sentada, minha mãe. Nunca mais colocarei meus pés neste maldito lugar.

Dizendo isto, Dionísio cuspiu no chão, esporeou o cavalo e saiu a galope, sem sequer voltar os olhos para a mãe e para as meias-irmãs que, estáticas e ainda desnorteadas com a situação, o viram desaparecer na estradinha, deixando atrás de si um rastro de poeira.

A viúva arrendou o sítio para um fazendeiro que precisava aumentar a pastagem de suas reses e, menos de um ano depois, contrairia com ele – que também era viúvo – o terceiro matrimônio. Um casamento que tinha mais de oportunismo do que de afeição, mas que acabou dando certo para todos os envolvidos.

O fazendeiro era um senhor com idade já avançada, de temperamento dócil, honesto e compassivo. Acabou se tornando uma presença bastante positiva tanto para a esposa quanto para as duas enteadas.

Dionísio, cumprindo fielmente o que havia prometido, nunca mais pisou naquelas terras. Não voltou a ter qualquer contato com a família depois de sua partida, nem se interessou em saber sobre o destino da mãe e das meias-irmãs.

No dia em que fora embora, chegando à cidade, Dionísio vendeu o cavalo com sela e tudo para um ferrador e deu início à jornada que tinha por destino a capital paulista. Ali chegando, instalou-se em um hotelzinho barato e passou a administrar o dinheiro, que mantinha sempre bem escondido, de modo que pudesse durar o máximo possível. Depois procuraria algum trabalho para se manter na cidade grande. A única alternativa que não lhe servia era voltar a viver na roça.

O rapaz passou alguns dias explorando a região central da cidade e seus arredores, encantado com as novidades que ela tinha a oferecer. Dentre esses encantamentos, estava a vida noturna com suas luzes coloridas, a música, a bebida e as mulheres. Tudo isso o deixava inebriado e a vida se tornou uma grande festa para o rapaz interiorano, que dormia e acordava à hora que bem quisesse, sem dar satisfações a ninguém e sem ser importunado. Estava experimentando uma verdadeira metamorfose existencial.

Em suas explorações, uma noite acabou indo parar no bordel que, à época, pertencia à tia de Grace. Nessa ocasião, a cafetina era uma mulher saudável, dinâmica e, na maturidade dos trinta e poucos anos, apresentava muitos traços de beleza e jovialidade. Além desses encantos, havia também o fato de ser bastante culta, pois havia passado boa parte da vida no exterior, trabalhando em luxuosos bordéis europeus e se relacionando com pessoas importantes da sociedade.

A aproximação entre os dois ocorreu naturalmente. A mulher se encantou com os arroubos de juventude do rapaz que era fisicamente muito bonito; alto e forte, porém inexperiente e até mesmo ingênuo em alguns casos. Dionísio encontrou nela, além da satisfação luxuriosa, uma espécie de segurança, inclusive financeira. Ele sabia que o dinheiro que arrebatara do padrasto não iria durar para sempre e a dona do bordel deixou claro que isso para ela não era problema.

Depois de alguns dias de relacionamento, Dionísio deixou o hotelzinho e foi viver próximo ao bordel, onde sua amante possuía um luxuoso apartamento. Ali ela o acolheu com a satisfação de quem aprisiona uma espécie rara de pássaro a fim de desfrutar egoisticamente a melodia de seu canto. Com a convivência, foi moldando o jovem de acordo com o seu próprio gosto. Deu-lhe roupas da moda e o ensinou a ser elegante, porém sem perder a virilidade e o jeito bronco que tanto a encataram.

Unindo o agradável ao útil, já que possuía os atributos físicos necessários e disposição para enfrentar grandes desafios, Dionísio acabou se tornando segurança do bordel, única função que exerceu desde que chegou a São Paulo e que continuou exercendo, mesmo depois do falecimento da companheira, ocorrido cerca de trinta anos mais tarde.

Quando havia brigas no estabelecimento, Dionísio procurava resolver as questões com diplomacia, mas, se fosse preciso, usava sua força bruta para colocar fim às contendas. E o fazia de forma tão contundente que logo se tornou conhecido como um dos mais temidos "leões de chácara" da cidade, razão pela qual aquele passou a ser um dos bordéis mais pacificados da noite paulistana. Os baderneiros, que gostavam de arrumar confusão, costumavam procurar outros ambientes para as suas aventuras.

Capítulo 28

Vingança

"A vingança é um dos últimos remanescentes dos costumes bárbaros que tendem a desaparecer dentre os homens."

O Evangelho segundo o Espiritismo – capítulo 12 – item 9

Com o passar dos anos, Dionísio acabou se tornando uma espécie de tutor das moças que atuavam no bordel. Elas o tratavam com respeito e ele retribuía. Na verdade, o modo discreto como se relacionava com elas era, inicialmente, em função da forte vigilância que a cafetina, com quem passou a viver maritalmente, exercia sobre ele. Era uma mulher experiente, ciumenta e de temperamento explosivo.

No início, Dionísio aquiescia àquela implacável diligência e se mantinha domesticado por medo de perder as regalias angariadas na relação com a dona do bordel. Entretanto, com o passar do tempo, foi se apegando afetivamente a ela, talvez até encontrando na relação com uma mulher mais madura uma espécie de compensação pelo amor materno que lhe fora negado depois de a genitora haver contraído segundas núpcias.

E esse apego acabou se tornando tão verdadeiro, que ele, que nunca havia derramado uma lágrima sequer, passou vários dias pranteando a morte da companheira, depois de três décadas de devoção e fidelidade. Nessa ocasião, Grace, que fora praticamente adotada pela cafetina, foi indicada por ela, já no leito de morte, para ficar responsável pelo bordel. Na verdade, a jovem vinha exercendo essa função desde que a saúde da proprietária começou a dar os primeiros sinais de fraqueza, cerca de um ano antes do falecimento.

Assim, com exceção da ausência da antiga proprietária, nenhuma outra mudança foi ali implantada. Grace assumiu em definitivo o comando da casa e Dionísio continuou sendo o eficiente segurança de sempre. A única diferença agora é que ele tinha pela herdeira do comércio um carinho todo especial, um sentimento que nunca havia experimentado até então e que nem ele mesmo sabia explicar.

Esse sentimento nada mais era do que amor paternal. Sim, Grace não era sua filha, mas parecia ser. Os anos de convivência com ela e a afinidade que se desenvolveu entre os dois despertaram no coração daquele homem rude o carinho e senso de proteção de um pai zeloso; o pai com quem ele não convivera e que o padrasto se recusara a ser.

Na noite em que Romualdo fora tirar satisfações com Grace, sem que ninguém soubesse da revolta e do ciúme que o impulsionavam naquele momento, o bordel estava muito movimentado. Dionísio, mesmo atento como sempre, não desconfiou de nada, pois se acostumara com a presença do amante de sua pupila ali, todas as sextas-feiras.

Ele só tomou conhecimento de que Grace estava inconsciente, caída sobre uma poça do próprio sangue, cerca de uma hora depois da ocorrência, quando uma das mulheres, estranhando o fato de a porta do quarto da moça estar entreaberta, decidir verificar o que estava acontecendo.

Vendo Grace naquele estado, Dionísio sentiu um baque violento, pensando que ela estivesse morta. Entretanto, ao ver que a moça ainda respirava, decidiu levá-la a uma clínica particular, onde negociou para que tudo aquilo ficasse em sigilo.

Na verdade, de vez em quando aconteciam situações de violência daquele tipo e ele aprendera com a ex-proprietária e sua companheira que era importante manter tais ocorrências longe do conhecimento da polícia, a fim de evitar problemas mais sérios com a justiça.

Grace foi submetida a uma delicada cirurgia, já que o caco de vidro havia lhe perfurado o pulmão, e precisou repor o sangue que havia perdido. Corria sério risco de morrer, causando preocupações em todas as pessoas com quem convivia, mas ninguém sofreu mais do que Dionísio.

Somente três dias depois da internação, foi que ele recebeu a notícia do médico que havia tratado Grace de que ela não corria mais risco de morte, embora devesse ficar internada ainda por um longo tempo. A moça estava muito enfraquecida, alternando momentos de lucidez com outros de total inconsciência.

E foi justamente num desses momentos em que ela recuperou o discernimento que Dionísio perguntou quem havia feito aquilo. Na verdade ele só queria a confirmação, pois tudo indicava ter sido mesmo o Romualdo. Com um leve aceno de cabeça, Grace confirmou que fora atacada pelo amante e a partir daquele momento, Dionísio passou a elaborar um plano de vingança.

Pesquisando por conta própria, interrogando as mulheres do bordel, principalmente aquelas com quem Grace tinha mais intimidade, descobriu detalhes da vida de Romualdo que o levaram a localizar onde ele trabalhava. Depois, seguindo-o discretamente, descobriu também seu endereço residencial.

Trabalhando há mais de trinta anos na vida noturna, Dionísio conhecia todo o tipo de pessoas, inclusive criminosos. Não foi difícil conseguir um matador de aluguel e colocá-lo no encalço de Romualdo. Naquele sábado em que o primo de Aurélio fora levar os filhos ao cinema, o homem contratado pelo segurança do bordel estava vigiando sua casa. Vendo-o sair de carro, só precisou segui-lo até a rua deserta, onde empreendeu o ataque.

Sujeito frio e sanguinário, o assassino contratado em nenhum momento se preocupou com o fato de sua vítima estar acompanhada dos filhos. Aliás, por pura maldade, esse detalhe até o incentivou. Afinal ele não matava apenas por dinheiro, mas também por prazer. E o prazer que deveria sentir eliminando uma vida humana, acabou sendo multiplicado por três naquele dia.

Alguns dias depois do ataque à família de Romualdo, Grace recebeu alta, mas estava com a saúde debilitada, muito magra e apresentava na face uma palidez cadavérica.

Em casa, uma das moças mostrou-lhe o jornal que havia noticiado o ataque ao pai de família que fora baleado juntamente com os filhos, em uma suposta tentativa de assalto.

A notícia dava conta de que até aquele momento duas vítimas se encontravam hospitalizadas e que uma delas havia falecido.

Grace, que estava acamada por recomendação médica, mandou chamar Dionísio e, assim que ele chegou, mostrou-lhe o periódico.

— Por acaso, você tem alguma coisa a ver com isso? — perguntou seriamente, encarando-o.

O segurança baixou a cabeça e permaneceu em silêncio. Grace deu um profundo suspiro e falou de modo enérgico:

— Bem, é melhor esquecer tudo isso. Mas, por favor, da próxima vez que for tomar uma atitude tão drástica, não deixe de me consultar primeiro, está me ouvindo?

Dionísio respondeu com um aceno de cabeça e saiu do quarto tão mudo quanto havia entrado.

Capítulo 29

Remorso e omissão

Homens, por que vos queixais das calamidades que vós mesmos amontoastes sobre as vossas cabeças? Desprezastes a santa e divina moral do Cristo; não vos espanteis, pois, de que a taça da iniquidade haja transbordado de todos os lados.

O Evangelho segundo o Espiritismo – capítulo 7 – item 12

Os dias se passavam lentamente cheios de dor e tristeza. Romualdo, Carlinda e Levi sentiam muita falta de Alessandro, o adolescente problemático que agora os enchia de saudade. Até mesmo as implicâncias irritantes do rapazinho faziam falta naquele lar.

Romualdo tinha quase certeza de que o crime de que fora vítima estava relacionado à sua briga com Grace, mas preferia não pensar muito sobre aquilo, para não ser sufocado ainda mais pelo sentimento de culpa que já vinha lhe tirando o sossego.

Ele tinha noção de que, ao agir de modo tão egoístico e irresponsável, poderia ter atraído para si e sua família as desgraças que os vitimaram. Lamentava-se profundamente quando encarava a própria realidade: o fato de estar preso a uma cadeira de rodas. Se tivesse agido com um pouco mais de cautela e bom senso, seria ainda o homem fisicamente perfeito de antes e sua família não teria sido atingida da forma tão violenta como o fora.

Até mesmo os ferimentos em Levi, apesar de o menino ter sobrevivido, o incomodavam, pois poderiam ter sido fatais. De qualquer maneira, o trauma pelo que o menino tinha vivenciado haveria de acompanhá-lo para o resto da vida.

Porém, o pior de tudo era a grande possibilidade de ter sido ele o responsável pelo assassinato do filho mais velho. Essa era uma situação irreversível, já que nada poderia trazer Alessandro de volta à convivência familiar.

Outro fato que o deixava angustiado era sobre Grace. O que havia acontecido com a moça? Teria morrido naquela noite? Ele pensava que se Grace estivesse morta, isso reforçaria a possibilidade de o ataque dos criminosos ter sido uma ação de vingança de alguém ligado a ela.

De tanto remoer essas angústias, Romualdo foi entrando em um perigoso estado de depressão. E ficou tão abatido que até mesmo Carlinda, mergulhada em seu sofrimento de mãe enlutada, sentiu necessidade de cuidar do marido, dedicando a ele quase todo o seu tempo.

Um dia, Romualdo chamou Aurélio para uma conversa reservada e lhe fez um pedido:

— Primo, eu vou precisar da sua ajuda para fazer uma coisa que não tenho mais condições.

Aurélio percebeu logo que seria um pedido complicado, mas não tinha como dizer não, afinal, devia muitos favores ao primo.

— Diga do que se trata. Se estiver ao meu alcance, pode contar comigo.

— Eu preciso que você vá ao bordel e confirme se a Grace está por lá.

Aurélio lançou um olhar de protesto e iniciou um comentário:

— Mas primo...

— Calma — disse Romualdo. — Deixe-me explicar melhor. Eu não quero que você fale com a Grace nem com ninguém. Apenas que dê uma passada por lá e veja se ela está bem, se continua trabalhando.

Aurélio relutou um pouco, mas diante do apelo implorativo de Romualdo, prometeu que o faria. Em nenhum momento passou por sua cabeça a gravidade do que havia por trás daquele pedido. Pensou apenas que o primo estivesse saudosista, preocupado com a ex-amante, apesar de ter rompido o relacionamento com ela.

Naquela mesma semana, depois do expediente, Aurélio foi até o bordel. Sentou-se no canto mais escuro do salão, pediu uma bebida tentando se passar por um cliente normal e ficou observando o ambiente. Sua intenção era permanecer ali apenas o tempo suficiente para ver Grace ou conseguir alguma informação sobre ela, caso não a visualizasse.

De longe, firmava a vista e prestava atenção em todas as mulheres, mas em nenhum daqueles rostos conseguia identificar a ex-amante de seu primo.

De repente, uma mulher chegou abruptamente por trás de suas costas, puxou uma cadeira, sentou-se e disse:

— Como vai, Aurélio. Veio em busca de diversão ou está apenas bisbilhotando?

Ele levou um susto ao virar-se e se deparar com Grace, que o encarava com muita seriedade.

— Achou que eu não fosse reconhecê-lo? — ela perguntou. — Pois fique sabendo que eu sou ótima fisionomista e nunca, nunca mesmo esqueço um rosto conhecido.

— Não vou mentir, para você, moça. Vim aqui a pedido do meu primo, para saber como você está.

Essa informação surpreendeu Grace. Nas últimas notícias que lera no jornal, entendera equivocadamente que Romualdo havia morrido. Na verdade tratava-se de uma nota resumida e mal escrita a respeito do crime, já que o assunto começava a cair no esquecimento.

— Ué você veio a pedido? E por que ele não veio pessoalmente? — ela questionou, fingindo não saber nada sobre a ação criminosa.

— Porque ele não consegue mais. Pelo menos com as próprias pernas. Você não sabe o que aconteceu?

Grace continuou fingindo não saber de nada e Aurélio contou que Romualdo e os filhos foram vítimas de uma tentativa de assalto. Disse que um dos garotos tinha morrido e que seu primo estava inválido para sempre.

Grace ouviu tudo aquilo com um misto de espanto e dissimulada piedade. No fundo, estava satisfeita em saber que a vingança perpetrada por Dionísio acabara saindo melhor do que a encomenda. Afinal, Romualdo estava condenado a passar o resto da vida enfrentando sofrimentos físicos e emocionais, o que, a seu ver, era um castigo bem pior do que a morte.

— Romualdo me pediu para vir vê-la porque, apesar de haver terminado o relacionamento, acho que ele ainda se preocupa com você.

Grace lembrou-se de quase ter sido morta naquela noite e perguntou indignada:

— Terminado o relacionamento? Foi só isso que ele lhe contou?

— Sim. Por quê? Houve mais alguma coisa?

Ela ia dizer que sim, quando se deu conta de que poderia acabar se comprometendo. No fundo, não tinha certeza se Aurélio estava ali pela razão declarada ou se realizava uma investigação por conta própria. Então ela acenou a cabeça negativamente e forçou um sorriso de canto de boca.

— Não. Não houve nada, além disso — depois de um longo silêncio em que ficou olhando nos olhos de Aurélio, emendou: — Pois diga ao seu primo que estou muito bem e que continuarei assim, desde que nunca mais o veja em minha frente.

— Não se preocupe com isso. Como eu lhe disse, mesmo se ele quisesse, não teria mais como procurá-la.

Ao dizer isso, Aurélio deixou sobre a mesa o dinheiro para pagar a bebida, que nem havia ingerido, e levantou-se da cadeira dizendo:

— Adeus, moça!

Ela o segurou delicadamente pelo braço e perguntou:

— Diga-me apenas uma coisa, apesar de não ser da minha conta.

— O que quer saber?

— Por acaso, a polícia conseguiu prender os assaltantes?

— Infelizmente, não.

— Pois bem, diga ao seu primo que eu sinto muito pelo que aconteceu, mas acredito que ele apenas recebeu o que merecia.

Aurélio foi embora apressadamente, pois aquele lugar lhe provocava um terrível mal-estar. Se ele tivesse prestado um pouco mais de atenção, teria percebido a palidez exposta na face de Grace, que desde o incidente não conseguira mais recuperar inteiramente a saúde.

Ainda naquela noite, depois de certificar-se de que estava a sós com o primo, Aurélio contou a ele parte do que havia acontecido no bordel, sem entrar em detalhes que julgou serem desnecessários.

— A moça está lá e continua trabalhando normalmente — disse ele.

— Ela o reconheceu? Vocês conversaram?

— Não, primo. Eu apenas a vi de longe, como você pediu. E posso assegurar que tanto ela quanto o bordel continuam do mesmo jeito de antes. Exatamente como quando eu estive lá naquela vez que você me levou.

Ouvindo isso, Romualdo sentiu o coração dividido por dois tipos de sentimento: um era o ciúme por saber que a amante, que trouxera tanto prazer à sua vida, estava saudável e, com certeza, relacionando-se com outros amantes, proporcionando a eles a luxúria que ele não poderia mais desfrutar em função da invalidez.

O outro sentimento era de alívio, por saber que não havia matado a moça. Romualdo agarrava-se a essa informação para tirar dos ombros o fardo da possibilidade de ser um assassino e para convencer a si mesmo de que o ataque criminoso que ele e os filhos sofreram não estava relacionado ao desastroso episódio do bordel.

Capítulo 30

Despedida e adoção

"O corpo não passa de simples vestimenta grosseira que temporariamente cobre o Espírito, verdadeiro grilhão que o prende à gleba terrena, do qual se sente ele feliz em libertar-se."

O Evangelho segundo o Espiritismo – capítulo 23 – item 8

O tempo seguia seu curso natural, sem conseguir apagar totalmente, mas pelo menos dando aos tristes acontecimentos uma tonalidade menos forte, arrefecendo e tornando mais suportáveis aquelas experiências tão dolorosas.

Levi e Cibele davam prosseguimento aos estudos. O menino tencionava formar-se em engenharia civil e ela queria ser professora, pois desde pequena tinha pendores para lecionar. Depois do assassinato de Alessandro, os dois primos se aproximaram ainda mais e sempre que podiam estavam juntos.

Cibele continuava visitando Dorvalina e participando das orações na casinha dela, até um dia em que, em uma daquelas visitas, deparou-se com um trator e vários homens uniformizados demolindo os casebres que tinham sido erguidos naquele terreno.

Próximo dali, um grupo de pessoas protestava aos gritos, expondo faixas e cartazes. Mulheres com seus bebês no colo choravam, enquanto crianças e adolescentes atiravam pedras contra a máquina e os trabalhadores que seguiam colocando tudo abaixo.

A menina sentiu o peito oprimido e começou a procurar por Dorvalina em meio àquela gente, mas não a encontrou. Perguntando para um e outro, ficou sabendo que a idosa tinha passado mal durante a noite e que uma ambulância a tinha levado para um hospital público das imediações.

Cibele correu para casa e, aos prantos, contou para a mãe o que tinha acontecido. Vendo-a naquele estado, e sabendo o quanto a filha gostava da idosa, Iolanda disse:

— Fique calma! Eu vou com você até o hospital para sabermos o que houve com essa senhora.

As duas saíram apressadas e, lá chegando, tiveram alguma dificuldade para obter informações, pois a única coisa que sabiam a respeito da paciente era o nome. Depois de algum tempo procurando em uma grande lista, a atendente disse por fim:

— Olha, consta que essa senhora deu entrada aqui ontem à noite e se encontra internada.

— Mas como ela está? — Cibele perguntou com aflição.

— Por enquanto, não tenho mais nenhuma informação — a funcionária do hospital respondeu secamente.

— Nós viemos vê-la — disse Iolanda. — Dona Dorvalina é nossa vizinha e não tem nenhum parente que more próximo daqui.

A atendente fez um gesto negativo ao dizer:

— Infelizmente não poderei deixá-las entrar. Não estamos em horário de visita.

Nesse momento, Cibele voltou a chorar e Iolanda tanto implorou que a funcionária, apesar da evidente má vontade, acabou cedendo:

— Está bem, eu vou permitir, mas somente uma de vocês poderá entrar e, no máximo, por cinco minutos.

Seguindo a direção orientada pela atendente, Cibele entrou quase correndo e, no fim de um longo corredor, deparou-se com Dorvalina deitada no leito de uma enfermaria coletiva. A idosa estava muito fraca, respirava com dificuldade, mas abriu um sorriso ao ver Cibele e balbuciou:

— Minha *fia*, que bom que você veio! Olha, eu não vou mais sair daqui. Minha carcaça já tá condenada há muito tempo. Mas eu quero que você cuide do Valente. Ele deve tá lá por perto. Por *favô*, se você não *pudé ficá* com ele, arrume alguém que fique.

Cibele olhava nos olhinhos baços e ao mesmo tempo tão iluminados da amiga querida e se desesperava.

— A senhora não vai morrer, dona Dorvalina — dizia meneando a cabeça em negação. — Vamos para a minha casa. Ela é pequena, mas cabe mais uma pessoa. A senhora fica na minha cama e eu ponho um colchãozinho no chão para dormir pertinho da senhora.

— Não, minha *fia* — Dorvalina disse sorrindo languidamente. — Deus é tão bom que tá me tirando do mundo na hora certa. Eu sei que a *fia* tá falando isso com o coração cheio de *amô*, mas não carece precisão, não. Meu cantinho já tá reservado lá no céu, ao lado de Nosso *sinhô* Jesus Cristo.

Cibele silenciou e permaneceu ao lado de Dorvalina por mais alguns minutos, acariciando-lhe os cabelos grisalhos, até que a enferma falou:

— *Fia*, vai lá, vai. Vai *cuidá* do Valente pra mim, por *favô*.

Cibele beijou a testa de Dorvalina e foi embora com o coração partido.

Saindo dali, foi até o terreno onde a confusão continuava e, depois de muito procurar, encontrou o Valente encolhido e trêmulo, enfiado em uma moita de capim, próximo ao casebre que agora estava inteiramente demolido.

Pegou o cãozinho no colo e o levou para casa dizendo:

— Não vou te dar para ninguém, Valente. É comigo que você vai ficar.

No dia seguinte, Cibele conseguiu fazer uma visita um pouco mais demorada à Dorvalina, que parecia ainda mais enfraquecida do que no dia anterior.

— Achei o Valente e ele está lá em casa — a menina disse com um largo sorriso. — Meus pais me deixaram ficar com ele, dona Dorvalina!

— Que bom, minha *fia*! Que bom! — exclamou a idosa, com a voz cada vez mais fraca. — Rezei muito para que isso acontecesse.

As duas conversaram um pouco mais e Cibele se despediu, prometendo voltar dois dias depois, quando seria autorizada nova visita.

Porém, naquele mesmo dia, ao fim da tarde, Dorvalina desencarnou serenamente no leito da enfermaria. Fez a passagem com um semblante tão plácido, que as enfermeiras acharam que ela estivesse dormindo e custaram a perceber que já não havia vida no desgastado corpinho da idosa.

O desligamento do Espírito Dorvalina de seu corpo físico ocorreu naturalmente, de forma gradual e bastante tranquila. Sonolenta, ela percebeu a mudança das pesadas frequências do plano material para a leveza das positivas vibrações da esfera espiritual com a qual se sintonizava. E entregue à prazerosa sensação daquele momento, apenas sussurrou:

— Obrigada, *Sinhô* Jesus! Muito obrigada por tudo!

Capítulo 31

A Casa Espírita

"Dizendo que o Reino dos Céus é dos simples, quis Jesus significar que a ninguém é concedida entrada nesse Reino, sem a simplicidade de coração e humildade de espírito."

O Evangelho segundo o Espiritismo – capítulo 7 – item 2

Cibele sentia muita falta de Dorvalina, das preces que faziam juntas, do aconchego de sua casinha humilde e das orientações tão simples e sábias que a idosa lhe repassava em suas conversas. O terreno fora mesmo esvaziado, cercado por tapumes e uma placa imensa foi erguida no local, informando que em breve seria iniciada ali a construção de um luxuoso condomínio residencial.

Os ex-moradores da ocupação se dispersaram pelo bairro. Alguns procuraram outras áreas onde pudessem erguer um novo casebre, até que nova reintegração de posse os expulsassem novamente. Os que tinham um mínimo de condições alugaram pequenas residências e se mudaram, mas boa parte daquela gente passou a viver em situação de rua mesmo.

Valente se tornou um companheiro inseparável de Cibele e conquistou também o carinho de Aurélio e Iolanda. Sempre que abraçava o cãozinho, a menina sentia a presença de Dorvalina, o que amenizava um pouco a saudade da amiga tão querida.

Os anos se passaram e, quando já estava quase se formando em Pedagogia, Cibele ficou sabendo que Marisa, uma de suas professoras, era médium e atuava em um pequeno Centro Espírita que fora implantado próximo a uma comunidade carente da região. Ela ficou bastante curiosa a respeito do assunto e conversou longamente com a professora, expondo os fenômenos espirituais que sempre estiveram presentes em sua vida.

Marisa não só a orientou, como emprestou a ela alguns livros de estudo e a convidou para conhecer a Casa Espírita. Inicialmente, Cibele não se entusiasmou muito, mas, com o passar do tempo e incentivada por Fernando, com quem continuava mantendo contatos no plano astral, acabou cedendo.

Chegando à Casa Espírita, ela se identificou muito com o ambiente, onde se sentiu fraternalmente acolhida. Interessou-se pelos cursos doutrinários oferecidos pelo Centro e, depois de concluí-los, tornou-se voluntária das atividades ali desenvolvidas.

Foi nessas atividades que ela recebeu algumas mensagens psicografadas, dentre elas a do primo Alessandro. Na comunicação, ele pedia perdão por tê-la tratado de modo tão rude e agradecia imensamente pelo fato de a prima tê-lo resgatado do ambiente escuro em que se encontrava depois de seu desencarne.

Eu não tinha noção do que estava acontecendo. Não sabia onde me encontrava nem para onde deveria seguir. Ouvia muitas vozes, mas não conseguia entender o que diziam. Ouvia choros e gargalhadas ao mesmo tempo, e cheguei a pensar que tivesse enlouquecido. Tinha muita vontade de voltar para casa, mas como? Não havia nem uma réstia de luz à minha frente para indicar o caminho.

Não fazia ideia de quanto tempo havia se passado e continuava naquela situação tão caótica, quando comecei a ouvir uma voz conhecida e pude distinguir as palavras que falavam em Deus, amor, Jesus, caridade...

Naquele momento reconheci que era a sua voz, prima. O primeiro sentimento que experimentei foi de constrangimento. Lembrei-me de tê-la humilhado por me julgar superior a você. Porém ali, no desespero em que me encontrava, a sua grandeza moral era algo inegável, surpreendente. Foi quando compreendi que as pessoas mais humildes no plano material são as mais felizes do lado de cá.

Foram as suas preces, com as quais procurei interagir, que começaram a iluminar o ambiente onde eu me encontrava. Foi desse modo que encontrei uma senhora linda que me abriu os braços e me convidou para seguir com ela. Somente depois de ser encaminhado a um lugar melhor, onde fui submetido à assistência e esclarecimentos, ela me disse chamar-se Olímpia. Falou que era avó de minha mãe e que nós não tínhamos convivido juntos na matéria, pois ela já tinha retornado ao plano espiritual quando eu reencarnei.

Tem sido um período de muito aprendizado, prima, e eu só lamento não ter aproveitado melhor o tempo em que estive com vocês. Eu poderia ter sido menos vaidoso, orgulhoso e egoísta, mas agora não adianta ficar remoendo essas coisas. Estou me preparando para voltar e, quem sabe, errar menos da próxima vez.

Diga à mamãe que eu a amo demais e que nunca deixarei de amá-la. Diga ao papai para não ficar se remoendo de culpa, que eu o perdoo pelo que aconteceu e o amo incondicionalmente. Ao meu irmão, peço desculpas por não ter cumprido direito o meu papel de irmão mais velho, que seria o de protegê-lo e não de ficar espezinhando a vida dele. Diga-lhe que o amo demais e que, se Deus quiser, um dia voltaremos a ficar juntos.

Cibele ficou impressionada com a mensagem que havia psicografado mecanicamente, pois só foi tomar consciência do conteúdo depois de ler o que estava escrito naquelas folhas. Ficou surpresa ao saber que Alessandro tinha sido socorrido durante as preces que ela e Dorvalina faziam juntas no pequeno casebre.

Naqueles encontros, ela se sentia bastante envolvida, percebia a claridade e a paz no ambiente e, às vezes, chegava a vislumbrar espectros a se moverem delicadamente na dimensão espiritual da casinha iluminada.

Porém, com total certeza mesmo, só havia conseguido identificar Bianca, a mocinha do sobrado abandonado, que ali estivera no primeiro encontro de Cibele com Dorvalina. Agora, sabendo que havia ajudado também o primo a encontrar paz, sentia-se imensamente feliz.

Cibele ficou tão entusiasmada, que apresentou a psicografia aos tios e a Levi, achando que seria um alento para eles. Mas ninguém acreditou que fosse real. Pior, Romualdo e Carlinda não disseram abertamente para não magoá-la, mas acharam que tudo aquilo era fruto de desequilíbrio mental, já que a sobrinha nunca lhes pareceu muito boa do juízo. Eles sempre a viram como alguém totalmente "fora de órbita".

O trecho da mensagem que dizia para Romualdo não ficar se remoendo de culpa, de certo modo o incomodou, mas só serviu para reforçar ainda mais a negação de que se tratava mesmo de uma comunicação do filho morto.

Aurélio e Iolanda, embora tivessem um conceito mais generoso em relação à filha, achavam que o sofrimento pela perda e o remorso vivido na infância poderiam ter provocado nela algum tipo de anomalia psíquica. Mas eles não se preocupavam muito com esse detalhe, pois tinham certeza de que, do mesmo modo que o irmão, que havia desencarnado precocemente, o que prevalecia no coração de Cibele era amor.

Capítulo 32

Mediunidade e lucidez

"Não te preocupes com o corpo, pensa antes no Espírito; vai ensinar o Reino de Deus; vai dizer aos homens que a pátria deles não é a Terra, mas o céu, porquanto somente lá transcorre a verdadeira vida."

O Evangelho segundo o Espiritismo – capítulo 23 – item 8

Os anos passaram céleres e, atualmente, Cibele é uma experiente professora aposentada da rede pública de ensino. Sua relação com os alunos era tão saudável que muitos deles, mesmo depois de tanto tempo, seguem mantendo contato com ela.

A ex-professora vive em um pequeno apartamento na companhia de dois gatos e um poodle daqueles bem pequeninos. Depois de ter convivido por quase uma década com o Valente, nunca mais deixou de ter animaizinhos vivendo sob o seu teto. O cachorrinho de Dorvalina, que morreu bem velhinho, foi um companheiro muito especial.

Cibele se apaixonou apenas uma vez na vida. Estava com vinte e dois anos quando conheceu Heitor, que era um dos frequentadores do Centro Espírita onde ela trabalhava.

Começou com uma bela amizade e acabou virando namoro sério. Aurélio e Iolanda se simpatizaram com o rapaz, e os familiares de Heitor também gostaram muito de Cibele. Em pouco mais de um ano, os dois ficaram noivos, casaram-se e foram viver no apartamento que adquiriram juntos; mesmo imóvel no qual Cibele ainda vive.

Heitor e Cibele tiveram pouco tempo de felicidade juntos, pois três meses depois do enlace, o rapaz sofreu um infarto fulminante e desencarnou durante o expediente na agência bancária, onde prestava serviços como escriturário.

Cibele precisou superar mais um período de luto em sua vida. Porém essa fase teria sido bem mais complicada se ela não houvesse adquirido os consoladores conhecimentos constantes na Doutrina Espírita.

Chorou muito, recolheu-se por um período, mas em nenhum momento se revoltou ou se colocou na condição de "vítima do mundo", pois sabia que os desígnios de Deus têm as suas próprias razões e nenhuma delas é injusta ou equivocada.

Passado algum tempo, o marido desencarnado se manifestou em uma das reuniões mediúnicas realizadas no Centro, dizendo que seu desencarne precoce fazia parte de resgates expiatórios que envolvia os dois e que era, para ambos, importante processo de elevação moral, desde que a vontade de Deus fosse aceita com resignação e fé. Heitor fora a reencarnação do rapaz que, movido por ciúme e egoísmo, havia atrapalhado as ações de caridade promovidas por Cibele em sua penúltima experiência na carne.

Na comunicação, pediu a ela que tocasse a vida e que procurasse um novo companheiro, já que era ainda tão nova. Entretanto, um pouco por falta de interesse e outro por não haver encontrado quem lhe tocasse o coração, a jovem viúva acabou não se envolvendo com mais ninguém, passando a dedicar sua vida ao magistério e à assistência benemérita e espiritual na Casa Espírita.

Confiante, otimista e esperançosa, Cibele é hoje uma das dirigentes mais atuantes e dinâmicas de que se ouve falar no movimento espírita da cidade de São Paulo, tanto no que se refere ao socorro espiritual quanto ao assistencialismo social, praticando a caridade sem medir esforços e sem que "a mão direita saiba o que faz esquerda".

Formado em Engenharia Civil, como pretendia desde criança, Levi é casado e tem três filhos, sendo duas moças – as mais velhas – e um rapaz chamado José, que nasceu com uma boa diferença de idade em relação às irmãs.

José foi uma criança adorável e sempre teve um apego impressionante pelo pai e por Cibele, a quem chamava de tia *Bele*. De vez em quando Cibele ia visitar a família do primo tão querido, a quem aprendera a amar fraternalmente, e dedicava especial atenção ao pequenino José, muitas vezes pedindo permissão para levá-lo a passear, o que era concedido com alegria pelos pais dele.

Por uma questão de ética, e para não aumentar sobre si a fama de lunática, Cibele jamais ousou revelar a Levi que seu filho José, que é hoje um rapaz saudável e educado, é a reencarnação de Alessandro.

Isso lhe foi dito por Fernando, com quem ela passou a se comunicar de modo bem mais seguro depois que desenvolveu sua mediunidade nos estudos e nas atividades da Casa Espírita. Agora, sem perder a lucidez durante e após os desdobramentos que faz ao plano astral, Cibele retorna ao corpo com bastante discernimento sobre as informações que lhe são reveladas.

Nesses diálogos entre os dois, quando algo importante precisa ser dito, Fernando adverte:

— Que isso fique apenas entre nós, maninha.

E ela responde fazendo um semblante engraçado, arrancando risadas do irmão querido:

— E você acha que eu vou dar mais motivo ainda para esse povo continuar me chamando de louca? Nem pensar!

E já não é apenas com o irmão que ela se comunica. Dorvalina também passou a fazer parte do rol de Espíritos que a orientam e auxiliam nas ações de caridade, tão importantes em planos inferiores como a Terra, onde os sofrimentos morais se somam às misérias materiais, cumprindo sua dolorosa, mas redentora e necessária função expiatória.

Epílogo

"São eternas as palavras de Jesus, porque são a verdade. Constituem não só a salvaguarda da vida celeste, mas também o penhor da paz, da tranquilidade e da estabilidade nas coisas da vida terrestre."

O Evangelho segundo o Espiritismo – capítulo 18 – item 9

Finalizando esta narrativa, faremos aqui um resumo, informando sobre o destino dos personagens da história. Com isso, evitaremos delongas desnecessárias, que apenas serviriam para tomar o tempo do leitor e, em alguns casos, confundir-lhes o entendimento.

ROMUALDO

Desencarnou dezessete anos depois de ter se tornado inválido e nunca contou a ninguém, nem mesmo a Aurélio, sobre o incidente ocorrido durante a briga que tivera com Grace.

No período em que viveu com as limitações físicas, refletiu sobre as escolhas equivocadas que havia tomado no momento mais tranquilo de sua vida e que cuminaram em tanta desilusão.

Passou a valorizar coisas triviais que antes passavam despercebidas e que agora lhe eram impossíveis realizar sem precisar de ajuda, como tomar banho e locomover-se.

Passou a dar valor também à companhia de Carlinda, à importante dedicação que ela lhe devotava e sem a qual sua vida de inválido teria sido bem mais complicada. O medo de perdê-la foi um dos motivos pelos quais evitou revelar a ela os seus inconfessáveis segredos.

De volta ao plano espiritual, Romualdo se deparou com uma realidade inquietante, recebendo da própria consciência a condição de culpado. Encontra-se aturdido pelo remorso e aguarda uma nova reencarnação, quando, por meio de difíceis provações, tentará resgatar parte das faltas cometidas.

CARLINDA

Passou a se vestir unicamente de preto depois do assassinato de Alessandro, tornando-se uma mulher introspectiva, reclusa e bem menos vaidosa, dedicando-se a cuidar do marido. Desencarnou oito anos depois dele.

No plano espiritual, depois de um curto período de perturbação mental, foi acolhida em uma colônia, onde vai, aos poucos, tomando conhecimento dos fatos mais relevantes da última reencarnação e se preparando para os desafios futuros.

GRACE

Nunca mais teve boa saúde depois do ferimento no pulmão. Vendeu o bordel e passou a viver com um de seus amantes. Fisicamente envelhecida além do normal, ainda se encontra encarnada e mora em uma pequena cidade do interior de São Paulo.

Bastante reservada e antissocial, não tem filhos e, na cidade onde mora, além do companheiro, ninguém mais sabe de seu passado.

DIONÍSIO

Desencarnou aos setenta anos, na capital paulista. Nos últimos dez anos de vida passou a sofrer o assédio implacável de inimigos desencarnados, pois, direta ou indiretamente, havia participado de alguns crimes bem comprometedores.

Seu maior perseguidor era o padrasto a quem tinha assassinado e que, depois de tantos anos, ainda não o perdoara, até porque via que seu algoz não havia mudado de comportamento, nem demonstrava arrependimento pelo que fizera.

Nessa fase, Dionísio passou a beber descontroladamente e, mesmo tendo uma condição de vida razoável, abandonou tudo e terminou os dias como morador de rua, dormindo sobre papelões, embaixo de viadutos e marquises.

Durante as crises de subjugação espiritual, agia como louco, gritando, esmurrando a própria cabeça e correndo de um lado para o outro.

Num desses ataques, quando corria atordoado, acabou atropelado por um caminhão, sofrendo trágico desencarne e sendo recebido por entidades perturbadoras do umbral inferior.

Em função do baixo teor de suas vibrações ao interagir com esses inimigos, com os quais possui fortes afinidades, ainda não está em condições de ser resgatado. Mas um dia isso acontecerá, pois, como disse Jesus: "*Nenhuma das ovelhas ficará perdida*".

AURÉLIO E IOLANDA

Aposentados há bastante tempo, estão bem velhinhos e permanecem tão unidos quanto antes. Eles moram em uma casa bonita e aconchegante que adquiriram há muitos anos, em um dos poucos bairros onde ainda se vive em sossego na grande metrópole paulistana.

No quintal em frente à residência há um jardim que está sempre florido. Nos canteiros, diariamente visitados por borboletas e colibris, sobressaem-se violetas e buganvílias, que são cuidadas com muito carinho pelos dois. Cibele, que não mora tão distante dali, costuma visitá-los amiúde e os três gostam de recordar o passado.

Olhando antigas fotografias, comentam sobre o tempo em que viveram na Fazenda Velha, lembram-se da mudança para a cidade grande e dos pormenores que marcaram suas vidas. Entretanto, gostam especialmente de se lembrar dos momentos felizes. Porque a vida é assim mesmo, exatamente como um rio: há trechos de abruptas quedas, de choques estrondosos contra os rochedos, de estreitos e pressurosos canais...

Mas, graças à bondade de Deus, existem os intervalos de leito largo e pacífico, quando a aragem acaricia as águas que se espraiam em delicados movimentos e o viandante readquire forças para seguir em frente.

É importante que **a ilusão do remanso** não traga comodismo, nem detenha o curso inexorável do viajor, pois nesse caudaloso rio chamado vida, a tarefa nunca estará definitivamente terminada.

Fim

___///___

Se você gostou deste livro, dê de presente às pessoas que você ama e ajude a divulgar a Doutrina Espírita.